JN221123

着やせする！

ワンピース & コーディネート
Lesson

ブラウス、ジレ、コーディガンに展開できる魔法のパターン

泉 繭子

Contents

A

A-1	ドルマンスリーブのワンピース	p.4	how to make p.48
A-2	フレンチスリーブのチュニック	p.6	how to make p.58
A-3	フリル袖のブラウス	p.7	how to make p.60
A-4	フリル袖のワンピース	p.8	how to make p.61
A-5	フリル袖のリトルブラックドレス	p.9	how to make p.63
A-6	リバーシブルのコーディガン	p.10	how to make p.65
A-7	ウエストサッシュつきワンピース	p.11	how to make p.68

B

B-1	肩タックのブラウス	p.12	how to make p.54
B-2	肩タックの半袖ワンピース	p.14	how to make p.69
B-3	ウエストベルトつきワンピース	p.15	how to make p.70
B-4	レースのブラウス	p.16	how to make p.72

※各作品には服作りの難易度を表わす★マークがついています。作るときの参考にしてください。

C

C-1 ウエスト切替えの
バイカラーワンピース p.18 how to make p.74

C-2 バイカラーの7分袖丈ワンピース p.20 how to make p.76

C-3 チューリップスリーブのワンピース p.21 how to make p.78

C-4 ノースリーブのボーダーワンピース p.22 how to make p.80

C-5 ラップスカートのブラックドレス p.23 how to make p.82

D

D-1 ウエスト斜めダーツの半袖ワンピース p.24 how to make p.84

D-2 ウエスト斜めダーツの
ノースリーブワンピース p.26 how to make p.86

D-3 ウエスト斜めダーツのジレ p.27 how to make p.87

D-4 ウエスト斜めダーツの
ステッチワンピース p.28 how to make p.89

D-5 ボレロ風ジャケット p.29 how to make p.90

E ガウチョパンツ p.7, 10, 12, 16 how to make p.92

布地使いの効果 p.30

Coordinate p.32

Sewing Technique p.44

How to make p.58

A-1

ドルマンスリーブのワンピース

体になじみやすい、ストレッチの効いたジャージー素材なので、ドルマンスリーブもしっくりなじみます。きちんとしたシーンに着られる便利な一枚です。袖口の見返しに別色を使用して折り返せば、カフスのような仕上りに。

how to make p.48

Level ★

how to make p.48

variation

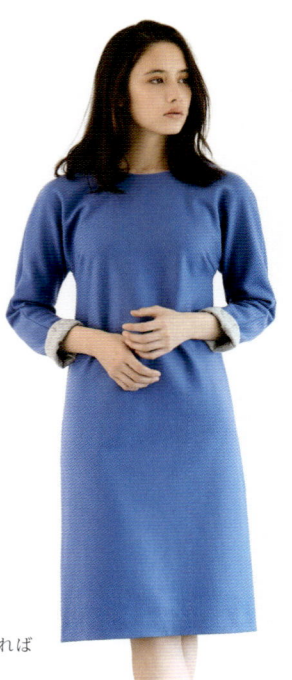

しなやかな
圧縮ウールで作れば
冬の一着に。

面倒な袖つけやファスナーつけがなく、縫うところも少ない
簡単仕立てなので、初心者におすすめです。袖を短くして
フレンチスリーブにしたり、前あきにしてコーディガンにし
たりと応用の効くデザインです。

design point

袖つけはなく、肩線と袖下を縫うだけのすっきりとした
デザイン。

脱ぎ着がしやすいように、後ろは上まで縫わずにV字
のあきを作っています。

A-2

フレンチスリーブの
チュニック

ボーダーの綿ジャージーを使用し
たカジュアルなチュニック。A-1の
袖と着丈をカットして衿ぐりはVの
あきですっきりと涼しげに。

how to make p.58

Level ★

A-3+E

フリル袖のブラウス

A-1の袖丈をカットして、レーシーな袖フリルをつけたブラウスです。おそろいの布地でEのガウチョパンツを作れば、軽やかで動きやすい便利なセットになります。

how to make p.60, 92

Level ★

A-4

フリル袖の
ワンピース

きれいなローズピンクのワンピース
はパーティ仕様にもなる一枚。袖は
A-3と同様に共布の袖フリルをつけ
ています。あると便利な脇ポケット
つき。

how to make p.61

Level ★★

A-5

フリル袖の
リトルブラックドレス

A-4と同じデザインですが、こちらはパッチポケットつき。フリルとポケット口の白いパイピングがアクセントになっています。白の配色を組み合わせることで、重くなりがちな黒が軽やかな印象に。

how to make p.63

Level ★★

A-6+E

リバーシブルの
コーディガン

A-1のワンピースを前あきにしたら、コーディガンに早変わり。ダブルフェースのウールで裏をつけないリバーシブル仕立てにしています。縁の始末はちょっと手がかかりますが、あると便利な一枚なのでチャレンジしてみては。インナーは B-1 のブラウスと E のガウチョパンツで。

how to make p.65, 92

Level ★★★

10

A-7

ウエストサッシュつき
ワンピース

A-2と同じく、フレンチスリーブとVあきにアレンジしたワンピースです。ウエストのサッシュは1枚の布を輪にしてつけただけの簡単仕立て。サッシュのギャザーで柄に変化がつき、ウエストマークで着やせ効果も生まれます。

how to make p.68

Level ★★

B-1+E

肩タックのブラウス

ストレッチポンチの白のブラウスに
同じ素材のEのガウチョパンツを組
み合わせた、さわやかなスタイル。

how to make p.54, 92

Level ★

このデザインは首もとをすっきり見せる、ラウンドネックと前肩のタックがポイント。肩にタックが入ることにより、顔回りや上半身がすっきり見えるようになっています。袖はシンプルなセットインスリーブで B-1 の基本のブラウスはフリルがついて軽やかな印象に。

design point

①

前肩だけにダーツをとることによって、後ろはすっきりと、胸もとにはゆとりのあるデザインに。

②

袖口にレーシーな別素材のフリルをつけることによって華やかで軽い印象になります。

B-2

肩タックの
半袖ワンピース

B-1のブラウス丈を延長したワン
ピースです。ウエストにはゴムテー
プを通して絞り、袖はフリルを外し
てシンプルに。

how to make p.69

Level ★

B-3

ウエストベルトつき
ワンピース

濃い色のパイピングが効いたベル
トをウエストに締めることで、細
見えの効果が出るワンピースです。
B-1のブラウスの丈を延長し、袖丈
も7分にのばしています。

how to make p.70

Level ★★

B-4+E

レースのブラウス

黒のコードレースを使用して上質な
ブラウスに。衿ぐりとポケット口に
はスパンコールテープをあしらいま
した。袖は1枚仕立てで透け感を
生かしています。ボトムはEのガウ
チョパンツを組み合わせています。

how to make p.72, 92

Level ★★

C-1

ウエスト切替えの
バイカラーワンピース

ローウエストの位置で切り替えて、
身頃部分は黒の布地を使い引き締
まった印象に。袖丈は7分丈にして
見た目が重くならないようにデザイ
ンしています。布地の組合せでさま
ざまに楽しめる一枚です。

how to make p.74

Level ★★

衿ぐりは首が美しく見えて、ファスナーなしでも着られるよ
うに計算されたラウンドネック。袖山にダーツが入ったセッ
トインスリーブは肩回りにゆとりが生まれ、動きやすいのに
二の腕がすっきりと細く見えます。

design point

①

肩山にダーツを入れることによって、動きやすさと細さ
の両方がかないます。衿ぐりは見返し仕立てですが、
布地に厚みがある場合はバイアス始末ですっきりと。

②

ローウエストと袖口に切替えを入れ、上身頃を黒にす
ることによって視覚効果で引き締まって見えるようにし
ています。

C-2

バイカラーの
7分袖丈ワンピース

C-1 のワンピースの見返しを白の別布を使って、表に出して始末しています。こうすると胸で切替えをしたような効果が出ます。上半身に視点を集めるだけでなく、ウエストをシェープすることで着やせ効果のある一枚に。

how to make p.76

Level ★★

C-3

チューリップスリーブの
ワンピース

袖をチューリップスリーブに替えて顔回
りに華やかさをプラスしています。ス
カート部分は 1 枚布を足してラップス
カートのように見せています。少し薄手
の合繊素材でエレガントな印象に。

how to make p.78

Level ★★

C-4

ノースリーブの
ボーダーワンピース

C-1 の袖を取って、切替え位置を下にしました。ボーダーの濃い1色を下にプラスすることで全身を引き締め、すっきりと見せています。

how to make p.80

Level ★★

C-5

ラップスカートの
ブラックドレス

切り替えたスカート部分は C-3 と同じ 1 枚布をプラスしたラップスカート風仕立てになっています。この方法だと着くずれることもなく安心です。衿ぐりと袖口にスカラップをあしらって愛らしく。

how to make p.82

Level ★★

D-1

ウエスト斜めダーツの
半袖ワンピース

袖はシンプルなセットインスリーブで
肩先はCと同じようにダーツが入って
います。縫い目にステッチを入れて
カジュアルな印象に。

how to make p.84

Level ★★

シンプルな I ラインワンピースに見えますが、細く見えるための仕掛けが隠されているワンピースです。前あきにすれば、コーディネートに便利なジレやボレロも作れます。

design point

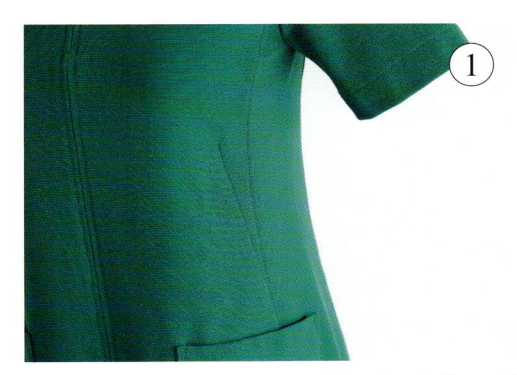

脇のパネル切替えとウエストから斜めに入ったダーツが体のラインをきれいに見せて、細見え効果が抜群です。

胸もとに入れた深めのスリットはあきなしで着るための工夫だけでなく、デコルテや全体のシルエットをすっきり見せる効果もあります。

D-2

ウエスト斜めダーツの ノースリーブワンピース

D-1の袖を取ってノースリーブにした白いワンピース。白は太って見えがちですが、着やせ効果のあるデザインなら安心です。1枚で透けないように少し厚めのポンチなどの布地を選びましょう。

how to make p.86

Level ★

D-3

ウエスト斜めダーツの
ジレ

D-1を前あきにし、袖をはずしてロングジレに。ロングジレは気になるヒップを隠して縦のラインを強調してくれるので、すっきりとスタイルよく見えます。あると便利な一枚です。

how to make p.87

Level ★★

D-4

ウエスト斜めダーツの
ステッチワンピース

D-1 の袖を 7 分丈にしたもの。パネル
ラインや前の縫い目に白のステッチを
効かせることで、細見え効果が一段と
アップします。

how to make p.89

Level ★★

D-5

ボレロ風ジャケット

こちらは D-1 の丈を短くして、前あきにしたジャケットです。季節を問わずさっとはおれる、コーディネートには欠かせない便利な一枚。素材を替えれば冬のジャケットにも。

how to make p.90

Level ★★

布地使いの効果

いちばん左は柄のみのワンピース。ほか3点は、柄と黒の布地との組合せのワンピースで、すべて同じ布地を使用しています。布地使いで印象が変わる例です。柄の中の濃い色を別布使いすると、それぞれの色や柄が引き立ち、デザイン性が生まれます。さらに別布使いを施す場所や、どのパターンを使用するかで着やせ効果も変わります。

Basic

C-4と同じパターン（裾切替なし）で生地を替えたものです。シンプルですが総柄は膨張して見えがちです。

how to make p.75

C-1です。上半身や二の腕が黒の効果で引き締まって見えます。一枚着ればコーディネートが完成するようなデザイン性があります。

C-2 と同じで布地を替えたものです。見返しと袖を
黒の布地で視覚的に重心をアップ。ウエストゴム
でメリハリをつけておなか回りも気になりません。

how to make p.76

D-2 と同じで布地を替えたものです。
フロント部分のみ柄を使用し、脇
パネルと後ろ身頃を黒にすることで
両サイドに黒の布地が出て引き締ま
り、全方位から着やせして見えます。

how to make p.86

back style ▶

Black
Coordinate

ブラックはその色だけで着やせして見える色。そして洗練されている感を醸し出します。暗く見えないように黒の持つよさを生かしたスタイリングで黒を味方につけましょう。C-5 のワンピースの着こなしです。

Coordinate

1

トレンチコートとの組合せは
洗練された女性を演出してくれます。
靴も服と同じ配色使いで上品にまとめて。

Coordinate

2

カーキのブルゾンで
一気にドレスダウン。
クラッチバッグをゴールドで効かせて。

Coordinate

3

黒の中に映える、自ら発色する力を持つ
赤のバッグでアクセントを。
マチネーのネックレスは、
体のしなやかな動きを際立せてくれます。
縦のラインで細く見せて。

Coordinate

4

黒のワンピースに黒が1色入った
淡色のスカーフをプラスすることで
顔回りが明るく視覚的に
重心をアップさせます。

White
Coordinate

白は大好きな色だけど膨張色！ そんな敬遠しがちな白もパターンのライン、選ぶ素材、デザインやコーディネートで着やせ効果のある一枚に。

Coordinate

1

D-2の白いワンピースに D-5 の白ジャケットをはおって、
首回りにファーをあしらい視点を上にした
エレガントなコーディネートです。

Coordinate

2

B-1+E のセットアップにブルーを足して。
足す色を 1 色にしてグラデーションをつけると
涼しげで品のある装いに。

Coordinate

3

D-2 の白ワンピースに
黒の配色が入った小物で引き締めて。
黒は白の美しさを引き立てます。

Coordinate

4

B-2 のワンピースはシンプルだからこそ、
いろんな着こなしにチャレンジできる一枚。
小物で遊んでカジュアルに落とし込んで。

Tops
Coordinate

ワンピースのパターンを短かくして作るブラウスやチュニックは、レースや少し薄めの生地など、ワンピースより生地を選ぶ幅も広がり、縫う範囲も少なくハードル低め。ブラウス丈は必ず鏡に映して丈の長さのバランスをチェックして。

Coordinate

1

甘くなりがちな B-4 のレースのブラウスに
ゼブラ柄のバッグとブーティーで
モードな存在感を添えて。

Coordinate

2

B-1 の白ブラウスに
ネイビーの縦ストライプの
ノーブルなパンツスタイル。

Coordinate
3

B-1 のブラウスと E のガウチョパンツの布地を替えて作った
赤×ベージュのコーディネート。
活力をわかせる赤にベージュの品をプラスして
華やかでかわいらしさもある装いに。

Coordinate
4

A-2 のチュニックに黒のパンツでクールに。
カーキやシルバーの小物をプラスして
都会的な印象に。

Botoms
Coordinate

下半身の中でいちばん細い部分の足首を見せて、おなか回りやヒップなどをカバーしてくれるガウチョパンツは着やせ効果と動きやすさで大活躍する一枚。

Coordinate

1

Eをベージュで作成したもの。
王道の黒×ベージュのIラインスタイル。
黒のカーディガンを肩にかければ二の腕も隠せて、
女優のような雰囲気に。

Coordinate

2

Eの紺ガウチョパンツに白いTシャツと
ダンガリーシャツでカジュアルに。
夏の定番、ジュート素材の
ウェッジソールと合わせて。

Jacket
Coordinate

D-1を前あきにして丈や袖をアレンジしてD-5のボレロ風ジャケットに。カーディガン代りにさっとはおれるから、エレガントにもカジュアルにも有効。

Coordinate

1

白のジャケットは
ボーダーの白と呼応して合性も抜群。
黒の小物で全体を引き締めて。

Coordinate

2

C-5の黒のワンピースにはおれば、
エレガントな装いに。
白は黒を引き立てるためメリハリがつき
印象的な着こなしに。

Gilet

Coordinate

D-2を前あきにして、衿もとは細く見える斜めのカーブで裁断すれば
D-3のジレになります。おなかや腰回りのぽっちゃりとした気になる部分
を劇的に着やせさせてくれるアイテムがロングジレです。はおるだけで、
いつもの服が100倍オシャレに見えるというおまけつき。

Coordinate
1

ボーダーの1色と同じ色のベージュのジレを重ねて
ボーダーに縦のラインをプラス。
足もとにえんじを差してかわいらしさを添えて。

Coordinate
2

全体が薄色よりも
インナーを濃い色にすると細く見えます。
エレガントの中にマニッシュさをプラスして。

Coordinate

3

Tシャツ＋デニムのカジュアルアイテムに
ジレをはおるだけでⅠラインに。
デニムのおしりも隠してくれるのがうれしい。
D-3のジレを黒の布地で。

Coordinate

4

D-2の白いワンピースに
D-3の黒で作ったジレをはおって小物で遊ぶ。
シティボヘミアンの完成。

Coat
Coordinate
Reversible

なめらかに起毛したグレーとキャメルの A-6 のコーディガンは、リバーシブル。軽くてさっとはおるだけでカジュアルにもエレガントにも落とし込めます。たった一枚でいろんな表情が生まれる秋冬の優秀アイテムです。

Coordinate

1

A-2 のボーダーチュニックにグレーをはおって。
黒×グレーに小物に黄色をプラス。
小物だけ別色を投入して
明るさをプラスする参考例。

Coordinate

2

A-4 のピンクワンピースに
グレーを表にしてはおり、
濃いグレーの小物で引き締めて
ノーブルな印象に。

Coordinate

3

ベージュのグラデーションコーディネートに
白をプラス。中の B-3 のワンピースと
バッグの雰囲気をおそろいにして品よく。

Coordinate

4

時にはこんなパンチのきいたコーディネートも。
パンツと同じように袖もロールアップして
グレーの配色をさり気なく見せてカジュアルに。

Sewing Technique

作品に使用した素材について

伸縮素材は繊維に弾性のあるポリウレタンが入ったストレッチ素材と、編み地のニットがあり、伸び縮みする布地のこと。少ないゆとりでも身体の動きに合わせて伸び縮みするので、すっきり着こなせる利点があります。薄地を避け、中肉程度の布地を選べば、特殊な縫い方をしなくても布帛のように縫い進めることができます。

ストレッチポンチ (p.6:A-2)
軽量で耐久性抜群なニット素材。スムースと呼ばれる両面編みの裏表とも同じ編み目で、糸自体にも伸縮性のあるストレッチ素材。

ストレッチツイル (p.8:A-4)
トリアセテートとポリエステルの混紡で速乾性に優れ、しわになりにくい綾織り素材。シルクのような光沢を持つが、アイロンは当て布をして低温で。

リバーニット (p.10:A-6)
表と裏がバイカラーになった二重編みのニット素材。ニット特有の軽さと伸縮性に優れながらも形くずれが少ない、しっかりとした作りの素材。

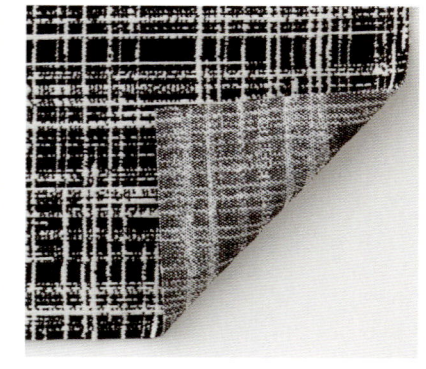

天竺 (p.11:A-6)
薄手のメリヤス編みの素材。表と裏の編み目が違っていて、切り口が丸まりやすい。Tシャツなどに使われるもので、表面に花柄をプリントしたもの。

パール編み (p.24:D-1)
ガーター編みとも呼ばれる素材。メリヤス編みの表目と裏目が1列ずつ交互に表われた編み地で、表裏ともメリヤス編みの裏のように見える。横、縦両方向の伸縮に優れている。

フライス (p.18:C-1 p.30)
表目、裏目ともに同じ編み目の素材。糸の引上げ方で節のような凹凸を編み出している。糸自体にも伸縮性のあるストレッチ素材。

伸縮する素材を美しく縫うための8つのポイント

急がばアイロン ❶

「縫製はアイロンが命」
きれいに仕上げるためにはアイロンをかけながら縫うのがいちばんの近道。常にそばに置いて、こまめにかけます。

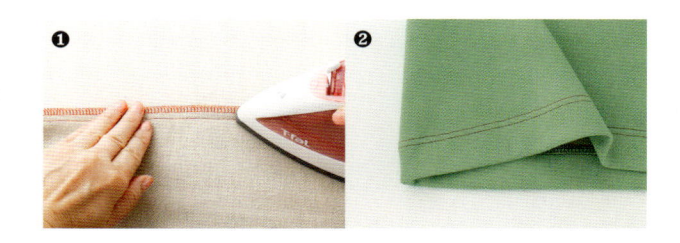

ダブルステッチで既製服仕様に ❷

「仕上りの美しさと縫い目の強度が保てる」
ストレッチ素材はスカートの裾などを手でまつると、糸が切れたりほどけやすいもの。強度を兼ねたダブルステッチで美しい仕上りになります。

市販の洋裁材料を上手に使う

「バイアステープ」 ❸

衿ぐりや袖ぐりの始末に。厚みも出ずすっきりし、伸止めにもなります。

バイアステープ

「熱接着両面テープ」 ❹

ポケットを作るときやパッチポケットを身頃につけるとき、衿ぐり、裾にステッチをかけるときにしつけ代りとして使います。熱接着両面テープを、縫い合わせる布の間にはさんでアイロンで仮どめしてから縫うと、手早くきれいに簡単にできます。

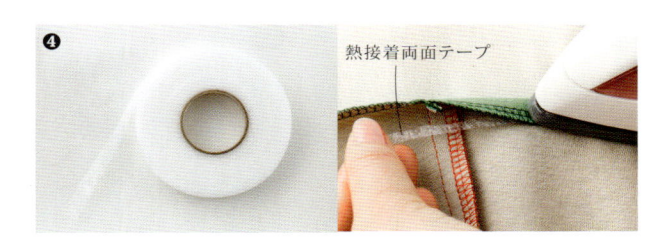

熱接着両面テープ

専用の糸とミシン針で縫う ❺

ストレッチ素材の縫合せにはポリエステル普通糸より伸縮性のあるニット用ミシン糸（レオナ66：50番、レジロン50番）が適しています。ミシン針もニット専用ミシン針（針先が丸いボールポイント針）を使うと目飛びや糸切れがありません。

レジロン

ニット専用ミシン針

ダーツや合い印の印つけをしっかりと ❻

ノッチなどの合い印や、ダーツ、ポケットつけ位置などはルレットとチョークペーパーで印をはっきりしっかりつけます。まち針もとめやすくなり、縫合せも楽になります。

両面チョークペーパー　ルレット

衿ぐりの始末は2種類

衿ぐり始末は服を作るときの大事なポイントです。服の中でいちばん目立つ"顔"なので布地によって始末のしかたを変えてみましょう。

「見返し始末」 ❼

薄い素材は、見返し始末にしてしっかりとした仕立てにします。

「バイアステープの始末」 ❽

厚い素材は、バイアステープを使って厚みを出さずにすっきりとした仕立てにします。

道具

本書で紹介した作品を作るために必要な、またあると便利な道具。
手早く仕立てるためにもあらかじめそろえておきましょう。

① 方眼定規
直線や平行線を引く場合に、方眼入りなので便利です。

② メジャー（8mm幅1.5m）
採寸、作図やパターンの曲線をはかる時に使用します。

③ 竹尺（両目盛細幅200mm）
スタンダードな竹製の物差し（定規）。

④ カッターボード（450×305×厚さ3mm）
適度な硬さと弾力があり、カッターを使用した切り跡が目立ちにくく刃先や机の天板の保護にもなります。

⑤ 両面チョークペーパー
表布を外側に二つ折りにし、布の間にチョークペーパーをはさんでルレットを使用することで一度に2面の印つけができます。

⑥ ルレット（文化オリジナル木柄仕上げ）
歯先が鋭くとがっているので作図を別紙に写す時や2枚の布の印つけに使用します。

⑦ ロータリーカッター
円形刃を回転しながら裁断するカッターです。2枚に重ねた布をカットする時の布ずれがありません。

⑧ チョークペン（チャコエース）
布地の印つけ用に。時間がたつと自然に消え、水でも消えます。太芯はライン引きとして、また、細芯はポイントの印つけに便利です。

⑨ ピンクッション・まち針
針やまち針を刺して保存し、針が折れたりさびるのを防ぎます。

⑩ ミシン糸（ニット用ミシン糸）

⑪ バイアステープ
（両折　テトロン12.7mm×2.75m）
裾上げや縁とりなどに。ここでは衿ぐりや前端の始末に。

⑫ 接着テープ
（アイロン片面接着伸び止めテープ12mm×25m）
ストレッチタイプのごく薄い生地の片面に熱接着剤が塗布され、テープ状にカットされたもの。アイロンで接着して伸止めとして使用します。

⑬ 熱接着両面テープ
（仮どめ熱接着テープ12mm×25m）
くもの巣状の基布の両面に熱接着剤が塗布されたテープです。2枚の布の間にテープをはさみ、アイロンで接着します。
※テープを少し湿らせると接着しやすくなります。

⑭ 裁ちばさみ（団十郎 文化特選　26cm）
布地の裁断用として。先端から根もとまで均一に切れ、長期にわたり切れ味が落ちないプロ仕様のはさみです。

⑮ ニット専用ミシン針
（家庭用ミシン針 ニット用　HA×1SP #9　5本入り）
ニット地を縫う時に起こりやすい布地の糸切れを防ぎます。

⑯ 糸切りばさみ（クロバー糸切はさみ　黒）
昔ながらの形状を損なわず刃先のくるいのない優れた切れ味と耐久性を兼ね備えたにぎりばさみ。ミシンのそばでの利用に便利です。

⑰ 目打ち
先のとがった金属製の道具で、衿先や裾の角の縫返し、ダーツのアイロン、ミシン縫いの布送り、縫い目をほどくなど、多目的に使用できます。

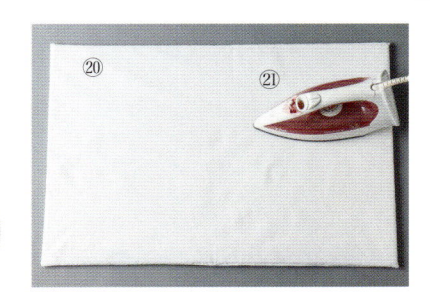

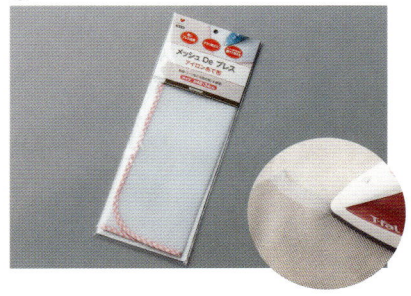

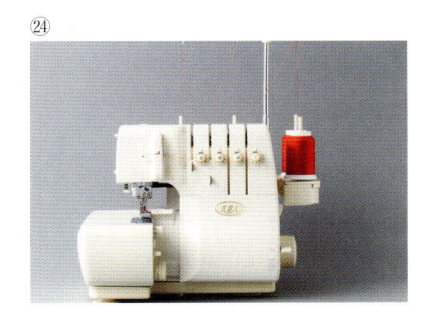

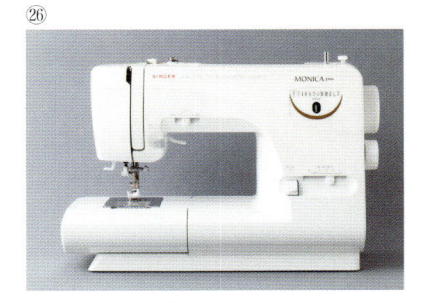

⑱ 製図用紙（2.5cm間隔のドット入り）
片面がつや出しのハトロン紙。つやのあるほうに2.5cm間隔のドットがあり、直線、水平線を引くときの目安になります。94cm幅30mの巻きをカットして使います。コートなどの大きいパターンを引いたり写す時に便利です。

⑲ 製図用紙（5cm方眼入り）
片面がつや出しのハトロン紙。つやのあるほうに5cmの方眼が入っています。パターンの布目に合わせて写したり、平行に切り開く場合に便利です。

⑳ アイロンマット
アイロンマットは地直しや広範囲のアイロンをかける時に。

㉑ スチームアイロン
ドライとスチームの切替え、温度設定のできるも

ので、かけ面がセラミック製のものは汚れにくく手入れが簡単です。

㉒ プレスアイロン当て布
アイロンをかける際の当て布として、ウールの濃い色の布地のてかり防止に。かけ面の布の様子が透けて見えるので、かけ間違いを防いでくれます。

㉓ アイロン台
脚つきのアイロン台は縁の直線やカーブの部分でデザイン線に合わせてアイロンをかけることができます。

㉔ ロックミシン
2本針4本糸のロックミシン。縁かがりと縫合せが同時にできますが、ここでは縁かがりだけに利用しています。

㉕ ロックミシン糸
スパン糸と呼ばれる合繊縫い糸の中でも最もポピュラーなポリエステル100％のロックミシン専用のミシン糸。

㉖ ミシン
直線縫いの他、ジグザグミシン、かがり縫いなどができる家庭用のジグザグミシン。

㉗ 伸縮素材用ミシン糸と針
ストレッチ素材の縫合せにはポリエステル普通糸より伸縮性のあるニット用ミシン糸（レオナ66：50番、レジロン50番）が適しています。ミシン針もニット専用ミシン針（針先が丸いボールポイント針）を使うと目飛びや糸切れがありません。

A-1 p.4

ドルマンスリーブのワンピース

実物大パターンＡ面

材料
表布：紺（身頃）＝124cm幅
　　Ａ丈2.1m（Ｓ）、2.5m（Ｍ～3L）
　　Ｂ丈2.2m（Ｓ）、2.6m（Ｍ～3L）
別布：白（衿ぐり・袖口見返し）＝140cm幅30cm
（Ｓ～3L）
接着テープ（衿ぐり）＝12mm幅80cm（Ｓ～3L）
＊しつけの代りに熱接着両面テープを使用

作り方
準備
身頃の衿ぐりと後ろあきに接着テープをはる。
身頃の肩、後ろ中心、前身頃の裾、折返し見返し
の端にＭ。
1　前身頃のダーツを縫う（縫い代は上側に倒す）。
2　後ろ中心を縫う（縫い代は割る）。縫い代を整
理して裾にＭ。
3　身頃の肩を縫う（縫い代は割る）。
4　衿ぐり見返しの肩を縫い（縫い代は割る）、見
返しの端にＭ。
身頃と見返しを合わせて衿ぐりを縫い返す。
縫い代を見返し側に倒し、見返しと縫い代を縫い
とめる。
肩縫い目に落しミシンをして見返しをとめる。
衿ぐりにステッチをかける。
5　後ろ衿ぐり見返しの端をステッチでとめる。
6　袖下と脇を続けて縫う（2枚一緒にＭ。縫い
代は後ろ側に倒す）。
7　裾を二つ折りにして縫う。
8　折返し見返しを輪に縫い（縫い代は割る）、袖
口に合わせて縫い返す。
縫い代を身頃側に倒し、身頃と縫い代を縫いとめ
る。
見返しの端をステッチでとめる。
＊Ｍは「縫い代にロックミシンまたはジグザグミシ
ンをかける」の略。

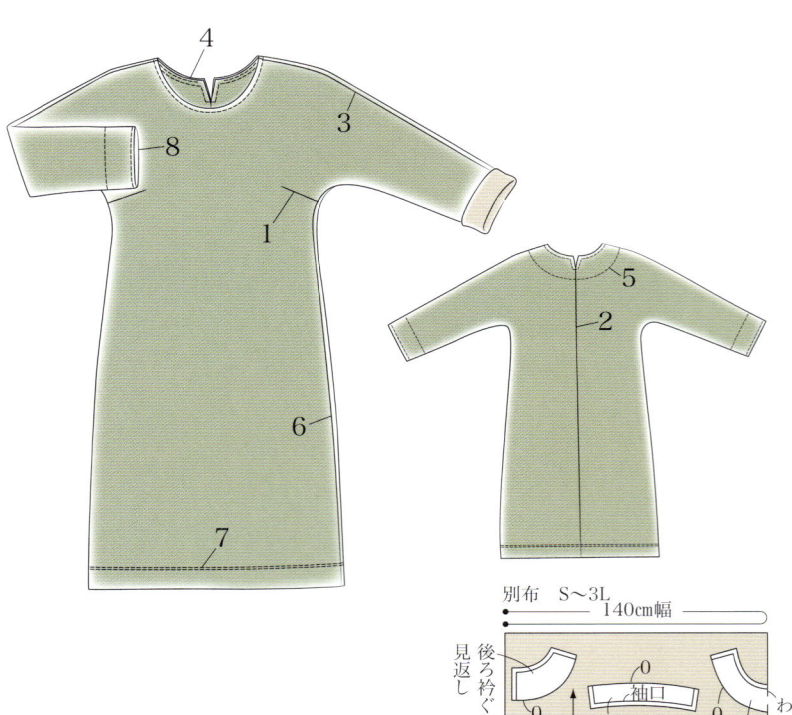

別布　Ｓ～3L
140cm幅

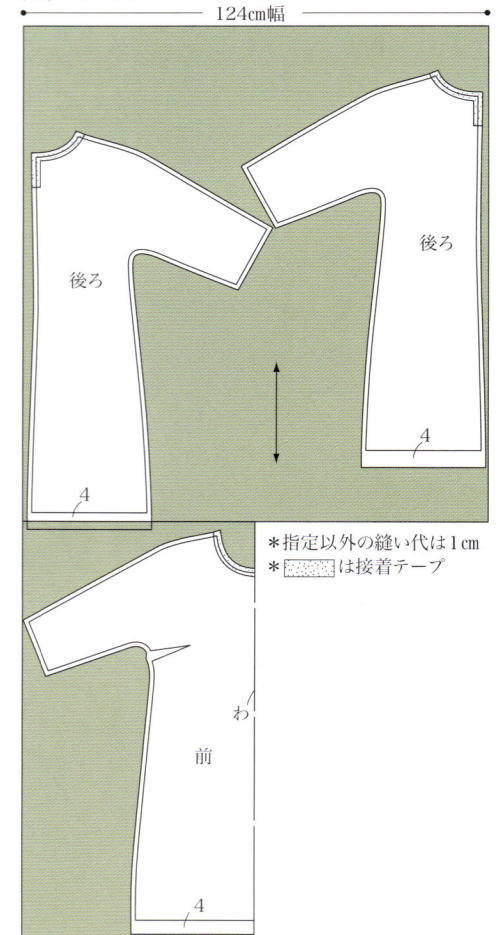
表布　Ｍ～3L
124cm幅

＊指定以外の縫い代は1cm
＊　　　　は接着テープ

表布　Ｓ
124cm幅

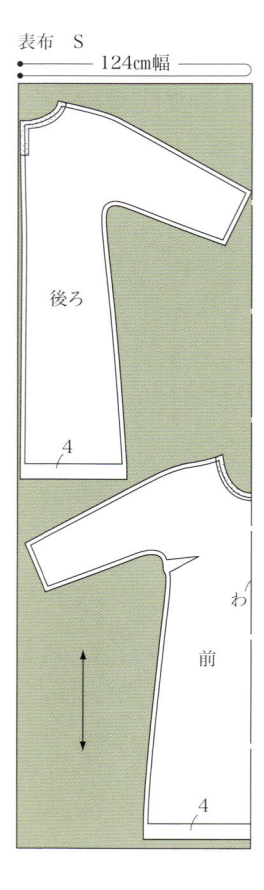

出来上り寸法表
単位cm

	S	M	L	2L	3L
バスト	88	92	96	101	105.5
ヒップ	94	98.5	103	107.5	112.5
ゆき丈	65	65.5	66	66.5	67
着丈A	93	94	95	96.5	98
着丈B	98	99	100	101.5	103

※ゆき丈は折り返す前の寸法です。

準備

身頃の衿ぐりに接着テープをはる。
前後身頃の肩、後ろ中心、前身頃の裾、折返し見返しの端にM

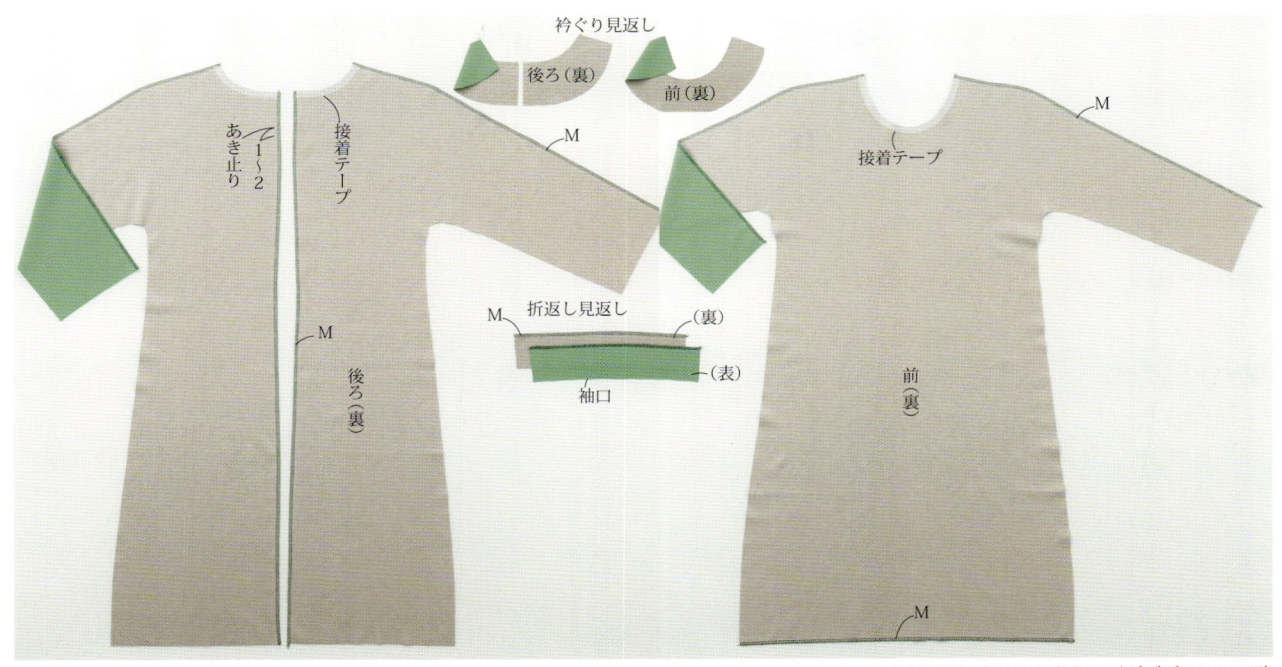

衿ぐり見返し
後ろ（裏）
前（裏）

M

接着テープ

あき止り 1〜2

接着テープ

M

後ろ（裏）

M 折返し見返し
（裏）
（表）
袖口

M

接着テープ

前（裏）

M

＊Mはロックミシンまたはジグザグミシンの略

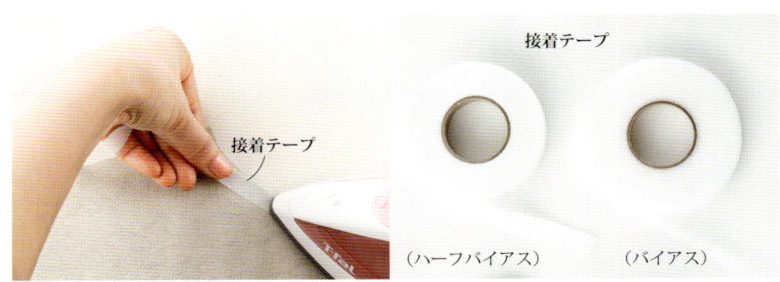

接着テープ

接着テープ

（ハーフバイアス）　（バイアス）

縫い代の伸止めとしてはる「接着テープ」のハーフバイアスやバイアスタイプのものはテープ自体が伸びやすいものですが、布帛の生地に使用します。ストレッチ生地には、ニット用（p.46⑫ 接着テープ）を使用してください。はる位置の裏面にテープの接着面を合わせて伸ばさないように据えます。カーブは、距離の長い外カーブにテープの端を合わせ、内カーブの部分の浮きを押さえるようにはります。

プレス アイロン当て布

接着テープや接着芯をはる時に、接着剤でアイロンが汚れるのを防ぎます。また、メッシュ地で透けて見えるため、生地がよれたりしないよう確認しながらかけられます。

ロックミシン

ジグザグミシン

ロックミシンは「環縫い」という特殊なかがり縫い専用のミシン。かがった縫い目に伸縮性があり、特にニット素材やストレッチ素材に適しています。ここでは4本糸2本針を使用しました。他にジグザグミシンや裁ち目かがり縫いでも代用できますが、ジグザグミシンは布端を巻き込みやすいので、裁ち端から2〜3mm内側にかけましょう。

縫い方順序

1 前身頃のダーツを縫う

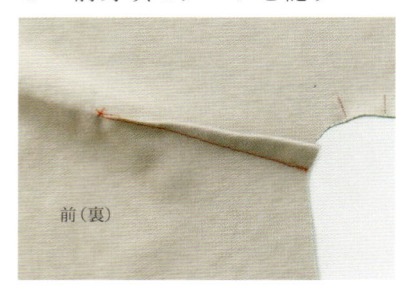
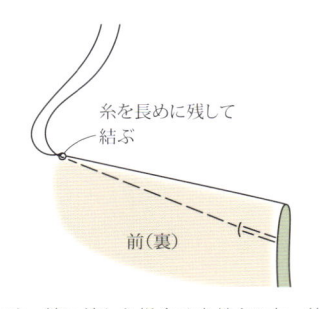
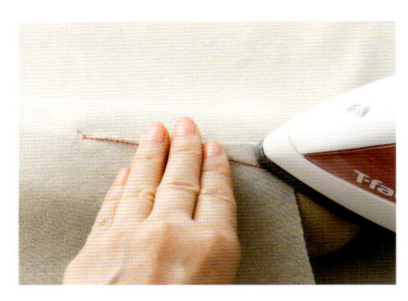

糸を長めに残して結ぶ

前（裏）

１）前身頃の胸ダーツは脇からダーツ止りに向かってミシンをかける。縫終りは２、３針返し縫いをして糸を切る。

２）縫い流した場合は糸端を２本一緒に結んで糸を切る。

３）ダーツは上側に倒す。表から見た時にダーツの下に陰ができるので胸のラインがすっきり見える。

2 後ろ中心を縫う

左右の後ろ身頃は中表にして後ろ中心の裁ち端を合わせてまち針をとめる。縫い縮まないように布を押さえてミシンをかける。まち針をとめてミシンをかける時は、ミシンがかかる直前で抜きながらかけると、ミシン針の曲がりや折れるのを防げる。

縫い代は割る

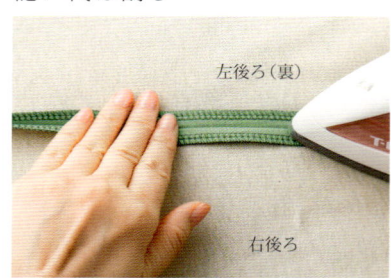

左後ろ（裏）

右後ろ

後ろ中心の縫い代を割る。このときアイロンの先の部分で縫い目だけにかかるようにかける。

あき止り

右後ろ（裏）

1

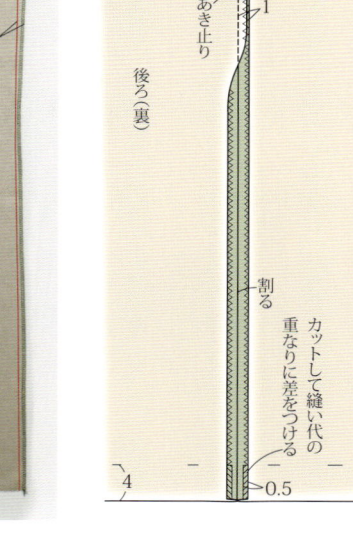

1

1.2

あき止り

1

後ろ（裏）

割る

カットして縫い代の重なりに差をつける

4

0.5

縫い代を整理して裾にM

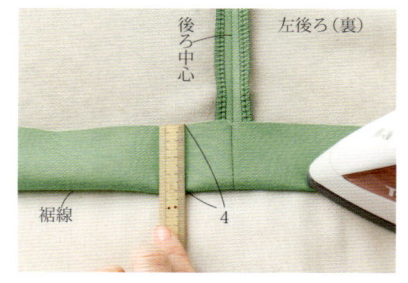

後ろ中心

左後ろ（裏）

裾線

4

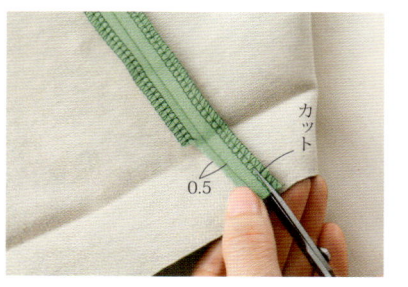

カット

0.5

１）裾の折り代を定規ではかりながらアイロンで折り目をつける。この時の定規は熱に強い竹尺が便利。

２）裾の折り代部分の縫い代が重ならないよう裾線の少し上までの縫い代を細くカットする。

3　身頃の肩を縫う

前後身頃を中表に合わせ、衿ぐり〜肩先〜袖口までの肩線にまち針をとめる。肩線の布目がバイアスで伸びやすいので、縫い伸ばさないよう注意してミシンをかける。まち針をとめてミシンをかける時は、後ろ中心同様にミシンがかかる直前で抜きながらかける。縫い代は割る。

4　衿ぐり見返しの肩を縫い、見返しの端にM

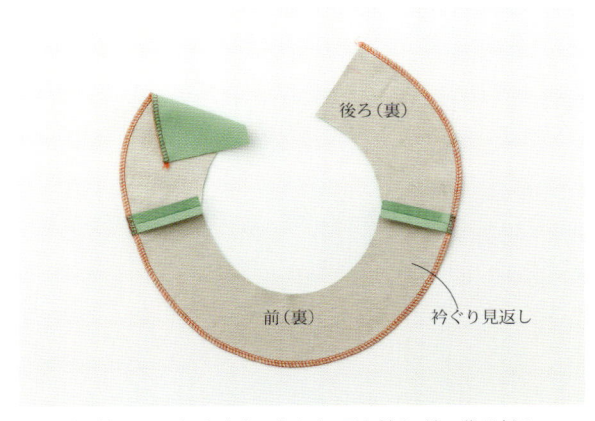

1）　前後衿ぐり見返しを中表に合わせ、肩を縫う。縫い代は割る。

2）　見返しの端をロックミシンで始末する。準備段階で始末をするよりも肩を縫い割った後にかけると肩縫い代も押さえることができる。

身頃と見返しを合わせて衿ぐりを縫い返す

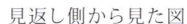

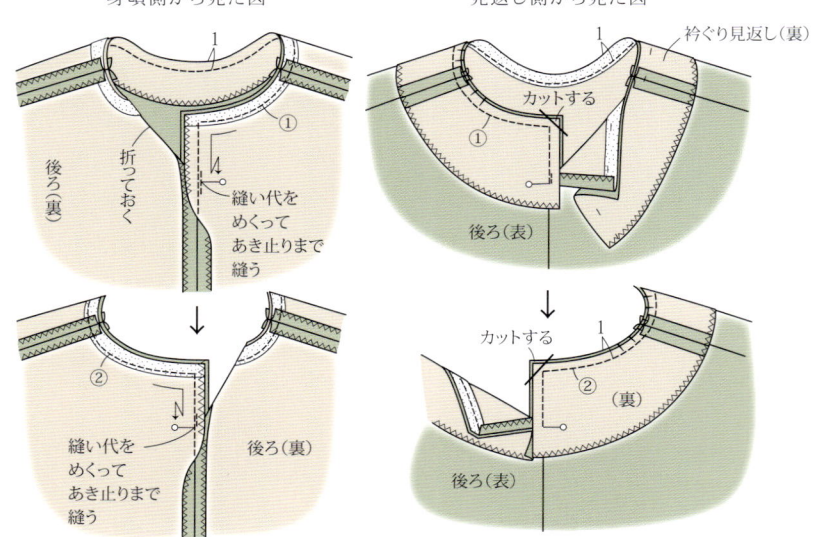

身頃側から見た図 / 見返し側から見た図

後ろ（裏）
折っておく
①
縫い代をめくってあき止りまで縫う

②
縫い代をめくってあき止りまで縫う
後ろ（裏）

衿ぐり見返し（裏）
カットする
①
後ろ（表）

カットする
1
②（裏）
後ろ（表）

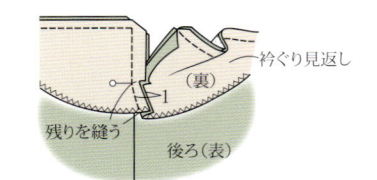

衿ぐり見返し
残りを縫う
後ろ（表）

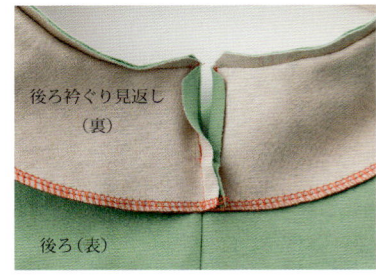

後ろ衿ぐり見返し（裏）
後ろ（表）

見返しの後ろ中心をつまんで縫う。縫い代は割る。

縫い代を見返し側に倒し、見返しと縫い代を縫いとめる

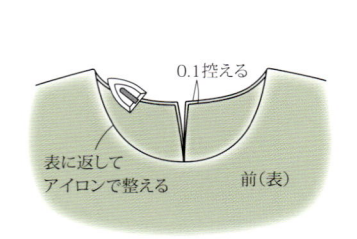

0.1控える
表に返してアイロンで整える
前（表）

衿ぐり見返し（表）
0.1

縫い目を開き、衿ぐり縫い代を見返し側に倒して、衿ぐりの際の見返し側にミシンをかける。

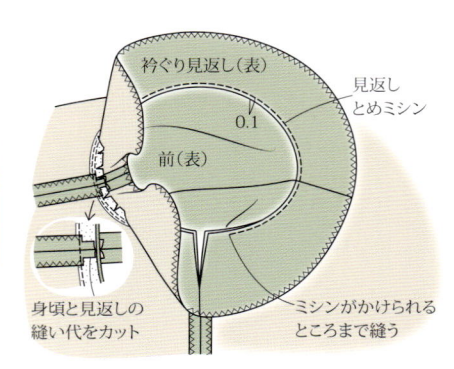

衿ぐり見返し（表）
見返しとめミシン
0.1
前（表）
身頃と見返しの縫い代をカット
ミシンがかけられるところまで縫う

肩縫い目に落しミシンをして見返しをとめる

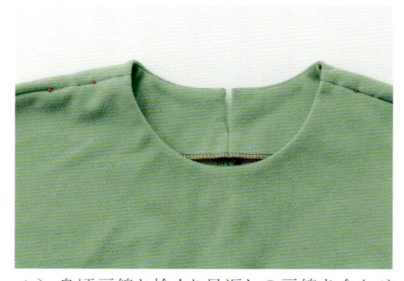

1）身頃肩線と衿ぐり見返しの肩線を合わせて、まち針をとめる。

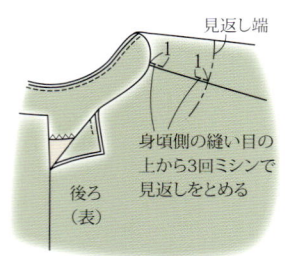

見返し端
身頃側の縫い目の上から3回ミシンで見返しをとめる
後ろ（表）

2）縫い割った肩線の上に、表から縫い目が分からないようにミシンステッチをかける（落しミシン）。

衿ぐりにステッチをかける

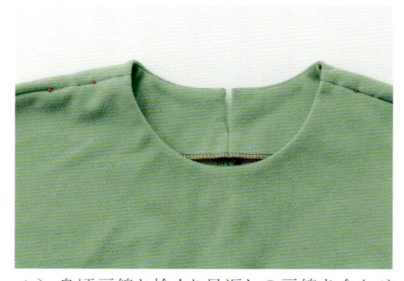

0.8

表身頃から衿ぐりに0.8cmのステッチをかける。

5 後ろ衿ぐり見返しの端をステッチでとめる

0.5

見返し側から後ろ見返しの端にステッチをかける。

6　袖下と脇を続けて縫う

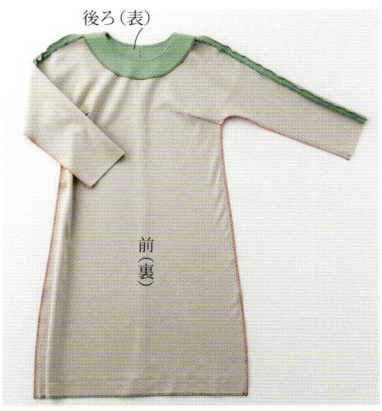

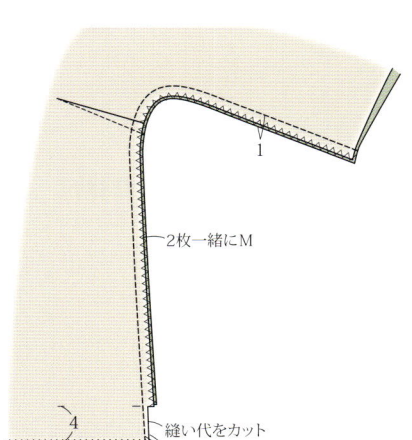

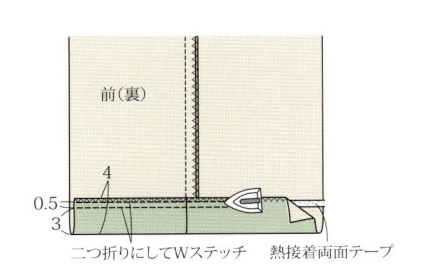

1）　前後身頃を中表に合わせてまち針をとめ、裾から袖口まで縫う。縫い代は2枚一緒にロックミシンをかけ、後ろ側に倒す。

2）　裾の折り代部分の縫い代が重ならないよう裾線の少し上までの縫い代を細くカットする。

7　裾を二つ折りにして縫う

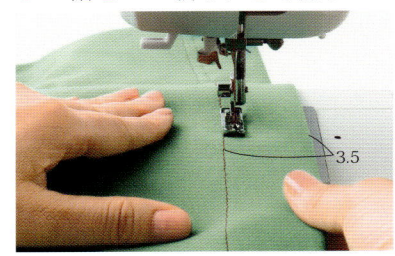

1本めは裏側の裾折り代の奥からミシンをかける。2本めは表側から1本めのステッチをガイドにし、0.5cmのステッチ幅でかける。ちょうど押え金の幅を目安にするといい。

8　折返し見返しを輪に縫い、袖口に合わせて縫い返す。
　　縫い代を身頃側に倒し、身頃と縫い代を縫いとめる

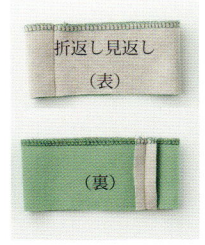

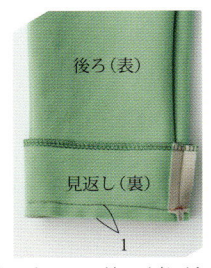

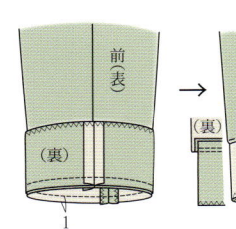

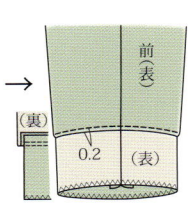

1）　折返し見返しを外表に合わせて縫い（裏面を表にする）、縫い代は割る。身頃袖口と袖口見返しの袖下縫い目を中表に合わせて袖口を縫う。縫い代を整理し、身頃側に倒して表側から端にミシンをかける。見返しの端をステッチでとめる。

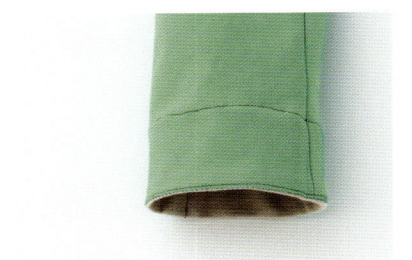

2）　袖口が0.1cm控えられるようにアイロンをかけて落ち着かせ、見返し側から見返しの端にとめミシンをかける。

3）　袖口を表側から見たところ。

出来上り。

B-1 p.12

肩タックのブラウス

実物大パターンB面

材料(S〜3L)
表布　白(身頃、袖)＝150cm幅1m
別布　白(フリル)＝115cm幅30cm
両折りバイアステープ(衿ぐり)＝13mm
幅80cm
接着テープ(衿ぐり)＝12mm幅80cm

作り方
準備
身頃の衿ぐりに接着テープをはる。
前後身頃の裾、フリルの端にM。
1　肩のタックを縫う。
2　肩を縫う(2枚一緒にM。縫い代は後ろ側に倒す)。
3　袖にフリルをつける(2枚一緒にM。縫い代は袖側に倒す)。
4　身頃に袖をつける(2枚一緒にM。縫い代は袖側に倒す)。
5　袖下と脇を続けて縫う(2枚一緒にM。縫い代は後ろ側に倒す)。
6　裾を二つ折りにして縫う。
7　フリルの端を二つ折りにして縫う。
8　衿ぐりをバイアステープで始末する。
＊Mは「縫い代にロックミシンまたはジグザグミシンをかける」の略。

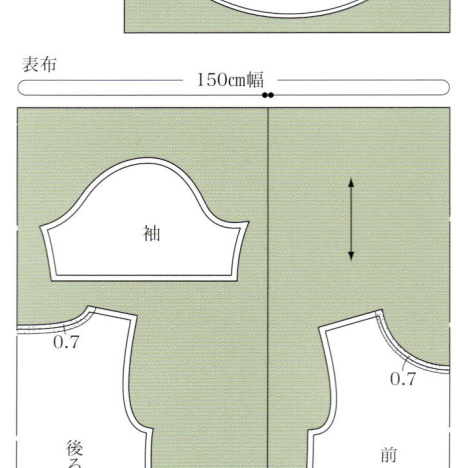

出来上り寸法表
単位cm

	S	M	L	2L	3L
バスト	91.5	95.5	99.5	104.5	109.5
背肩幅	39.5	40.5	41.5	43	44.5
袖丈	32.5	32.5	32.5	32.5	32.5
着丈	55	55	55	55	55

＊指定以外の縫い代は1cm
＊░░░は接着テープ

準備
身頃の衿ぐりに接着テープをはる。
前後身頃の裾、フリルの端にM

身頃衿ぐりに接着テープをはる時は、距離の長い外カーブにテープの端を合わせ、内カーブの部分の浮きを押さえるようにはります。

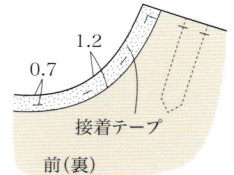

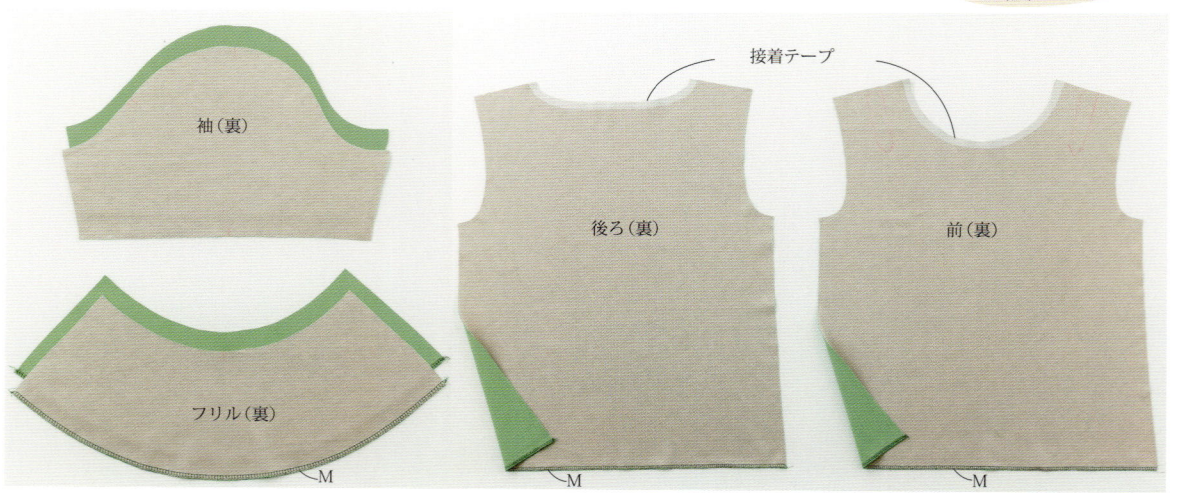

＊Mはロックミシンまたはジグザグミシンの略

縫い方順序

1 肩のタックを縫う

 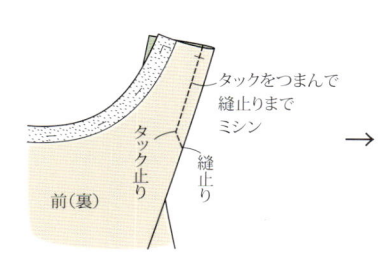 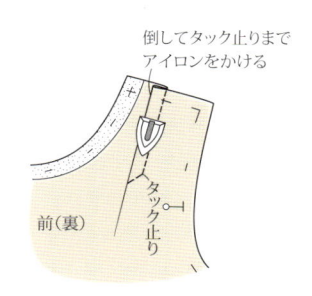

肩タックをつまんで肩〜タック止り〜縫止りまでミシンをかける。タックは中心側に倒す。

2 肩を縫う

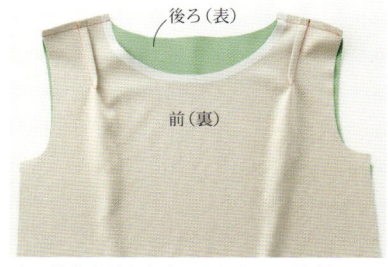 

1） 前後身頃を中表に合わせて、肩を縫う。

2） 肩縫い代は2枚一緒にロックミシンをかけ、後ろ身頃側に倒す。

3 袖にフリルをつける

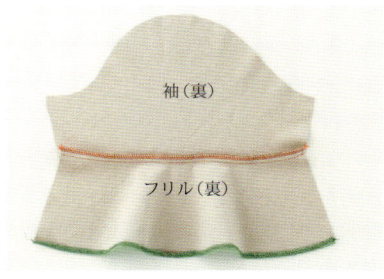

袖とフリルを中表に合わせて縫う。縫い代は2枚一緒にロックミシンをかけ、縫い代は袖側に倒す。

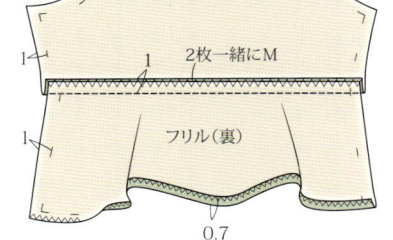

4 身頃に袖をつける

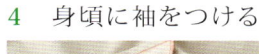 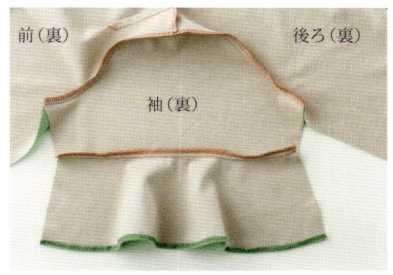

身頃袖ぐりと袖山を中表に合わせて、下図の順序にまち針でとめる（①身頃の肩と袖山、②身頃の脇と袖下、③は①と②の間の合い印）。袖つけミシンをかける。縫い代は2枚一緒にロックミシンをかけて袖側に倒す。

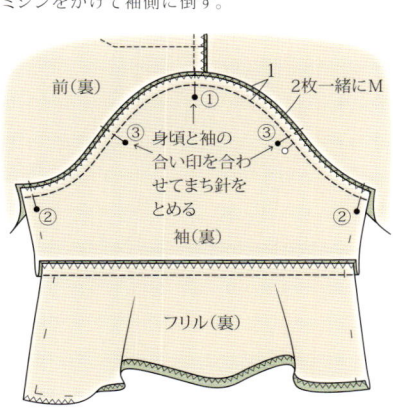

5 袖下と脇を続けて縫う

前後の袖下と脇を中表に合わせ、裾〜脇〜袖下までを続けて縫う。縫い代は2枚一緒にロックミシンをかけて、後ろ側に倒す。

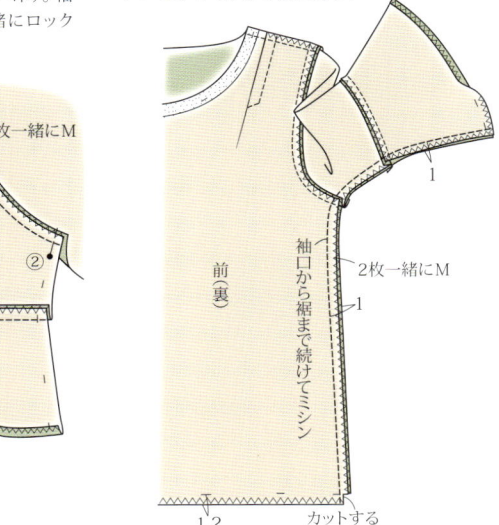

6、7　裾とフリルの端を二つ折りにして縫う

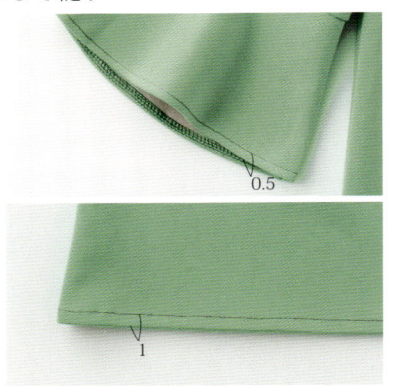

1）裾とフリルの折り代を定規ではかりながらアイロンで折り目をつける。

2）熱接着両面テープを間にはさんではる（この時テープを半分にカットする）。

3）折り上げた裾とフリルは、折り代の奥にミシンをかける。

8　衿ぐりをバイアステープで始末する

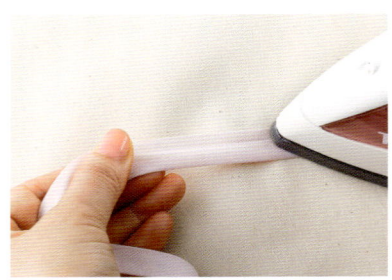

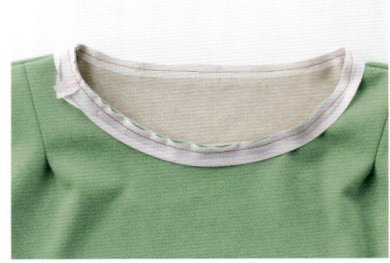

1）両折りバイアステープの片側の折り代を開いてアイロンをかける。

2）身頃の衿ぐりにバイアステープを中表に重ね、まち針でとめる。

3）バイアステープをはぎ合わせて割り、衿ぐりにミシンをかける。つれる縫い代に切込みを入れる。

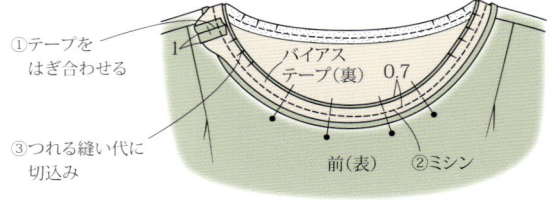

①テープをはぎ合わせる

③つれる縫い代に切込み

バイアステープ（裏）

前（表）　②ミシン

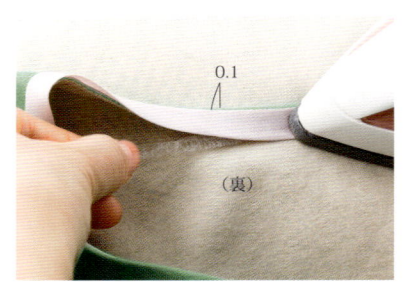

4）バイアステープを裏に返して0.1cm控えて整え、間に熱接着両面テープをはさんでアイロンではる。

5）バイアステープの際にミシンをかける。

出来上り。

How to Make

サイズについて

各デザインのパターンは、S、M、L、2L、3Lの5サイズにグレーディングされて、2枚の実物大パターンの中に入っています。

パターンサイズの選び方

ご自分のヌード寸法をはかり、下記の参考寸法表から近いサイズを選びます。
寸法がサイズの中間の場合、ゆとりが少なめでいい場合には小さいほうのサイズを、ゆったりと着たい場合は大きいほうのサイズを選んでください。
また、それぞれの作り方ページに出来上り寸法表がありますので、市販のご自身の服のサイズと見比べて、近い寸法を選ぶのもいいでしょう。
着丈、パンツ丈はA丈とB丈の2種類のサイズがありますので、好みの長さを選んでください。
着丈は首の後ろ（BNP）から裾までの寸法です。
ゆき丈は首の後ろ（BNP）から肩先を通って、袖口までの寸法です。

ヌード参考寸法表

単位cm

	S	M	L	2L	3L
バスト	79	83	87	91	95
ウエスト	60	64	68	72	77
ヒップ	88	92	96	100	104
A丈の身長	150〜160				
B丈の身長	160〜170				

実物大パターンについて

選んだサイズをハトロン紙などに写し、切り取って使います。
付録の実物大パターンには縫い代がついていません。
各ページの裁ち方図に縫い代が表記されていますので、布を裁つときに縫い代の印をつけて、布地を裁断します。
また、写し取ったパターンに縫い代線をつけて、縫い代つきパターンにする方法もあります。どちらか好みの方法を選んでください。
またパターンを写すときに、布目線や合い印も忘れずに写しましょう。

A-2 p.6
フレンチスリーブのチュニック

実物大パターンA面

出来上り寸法表					単位cm
	S	M	L	2L	3L
バスト	88	92	96	101	105.5
ヒップ	94	98.5	103	107.5	112.5
ゆき丈	30.5	32	33.5	35	36.5
着丈	75	76	77	78.5	79.5

材料（S〜3L）
表布 白黒ボーダー（身頃）＝150cm幅1m
別布 白（衿ぐり見返し）＝150cm幅30cm
接着テープ（衿ぐり）＝12mm幅80cm

作り方
準備
身頃の衿ぐりに接着テープをはる。
身頃の肩、袖口、裾にM。
1　前身頃のダーツを縫う（縫い代は上側に倒す）。
（p.50参照）
2　身頃の肩を縫う（縫い代は割る）。（p.51参照）
3　衿ぐり見返しの肩を縫い（縫い代は割る）、見
返しの端にM。
身頃と見返しを合わせて衿ぐりを縫い返す。
縫い代を見返し側に倒し、見返しと縫い代を縫いと
める。
肩縫い目に落しミシンをして身頃と見返しをとめる。
衿ぐりにステッチをかける。
4　後ろ衿ぐり見返しの端をステッチでとめる。
5　脇を縫う（2枚一緒にM。縫い代は後ろ側に
倒す）。
6　裾を二つ折りにして縫う。
7　袖口を二つ折りにして縫う。
＊Mは「縫い代にロックミシンまたはジグザグミシ
ンをかける」の略。

[裁ち方図]

別布
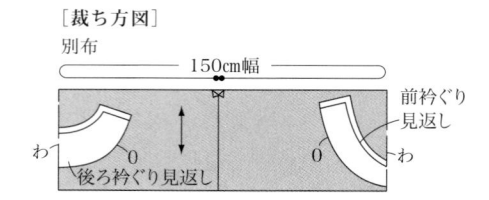

表布
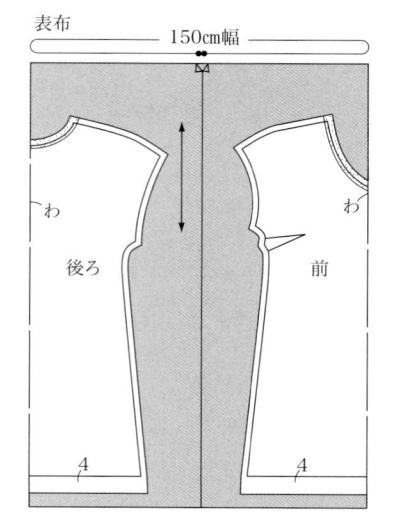

＊指定以外の縫い代は1cm
＊ ▨ は接着テープ

3、4

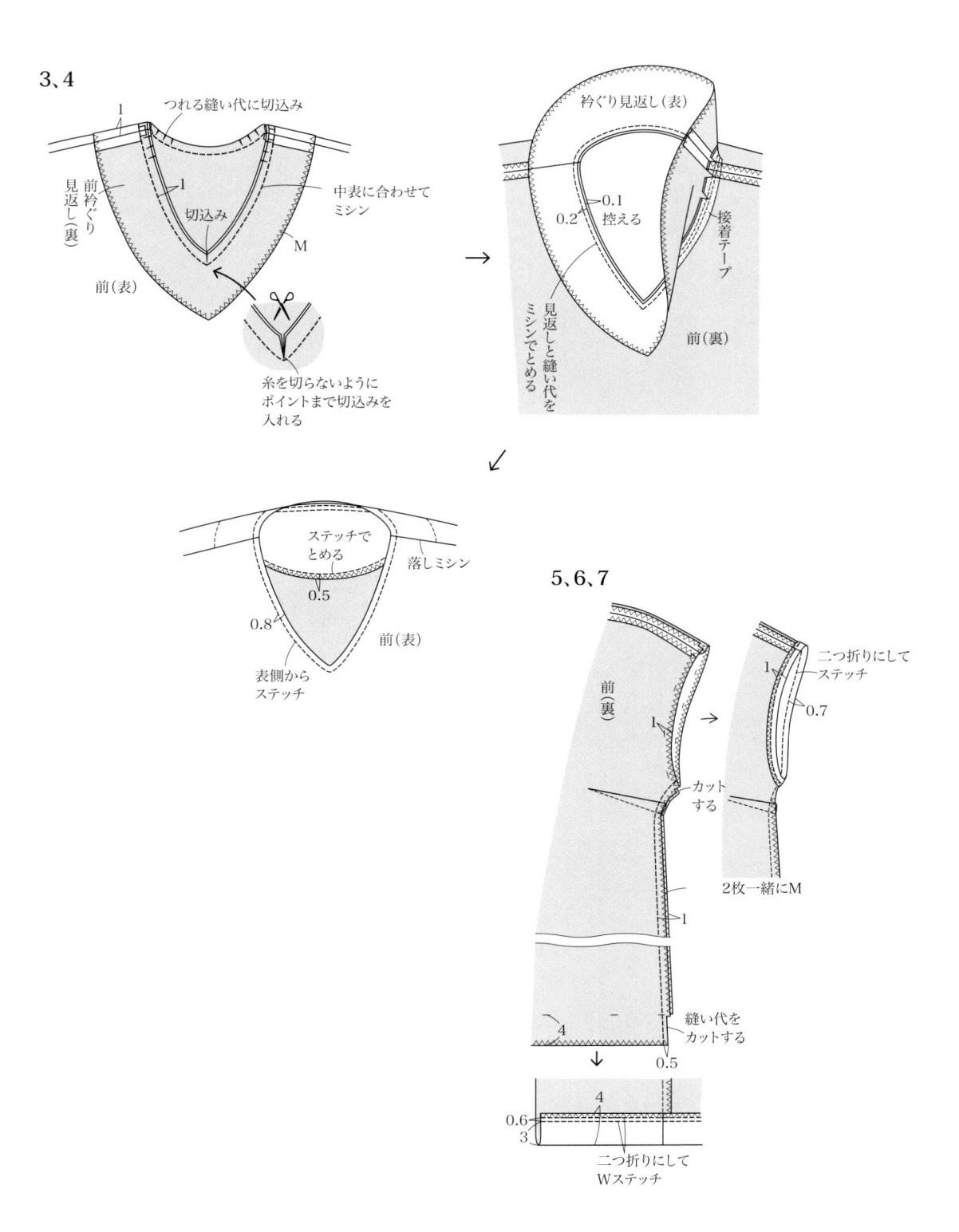

つれる縫い代に切込み

1

切込み

前衿ぐり
見返し（裏）

前（表）

中表に合わせて
ミシン

M

糸を切らないように
ポイントまで切込みを
入れる

→

衿ぐり見返し（表）

0.1
0.2　控える

接着テープ

前（裏）

見返しと縫い代を
ミシンでとめる

↓

ステッチで
とめる

0.5

落しミシン

0.8

前（表）

表側から
ステッチ

5、6、7

前（裏）

1

カット
する

→

二つ折りにして
ステッチ

1

0.7

2枚一緒にM

1

4

縫い代を
カットする

0.5

↓

4

0.6
3

二つ折りにして
Wステッチ

A-3 p.7

フリル袖のブラウス

実物大パターンA面

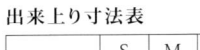

出来上り寸法表					単位cm
	S	M	L	2L	3L
バスト	88	92	96	101	105.5
ゆき丈	47	48.5	50	51.5	53
着丈	55	56	57	58.5	60

材料

表布　紺(身頃、衿ぐり見返し)＝150cm幅90cm
(S〜L)、1.1m(2L、3L)
別布　レース(フリル)＝115cm幅30cm
(S〜3L)
接着テープ(衿ぐり)＝12mm幅80cm(S〜3L)

作り方

準備
身頃の衿ぐりに接着テープをはる。
身頃の肩、脇、後ろ中心、前身頃の裾、フリルの袖
下と端にM。
1　前身頃のダーツを縫う(縫い代は上側に倒
す)。(p.50参照)
2　後ろ中心を縫う(縫い代は割る)。
縫い代を整理して裾にM。(p.50参照)
3　身頃の肩を縫う(縫い代は割る)。(p.51参照)
4　衿ぐり見返しの肩を縫い(縫い代は割る)、見
返しの端にM。
身頃と見返しを合わせて衿ぐりを縫い返す。
縫い代を見返し側に倒し、見返しと縫い代を縫い
とめる。
肩縫い目に落しミシンをして身頃と見返しをとめる。
衿ぐりにステッチをかける。(p.52参照)
5　身頃にフリルをつける(2枚一緒にM。縫い
代は身頃側に倒す)。(p.64参照)
6　袖下と脇を続けて縫う(縫い代は割る)。
7　裾を二つ折りにして縫う。
8　スリットを作る。
9　フリルの端を二つ折りにして縫う。(p.64参照)
＊Mは「縫い代にロックミシンまたはジグザグミシ
ンをかける」の略。

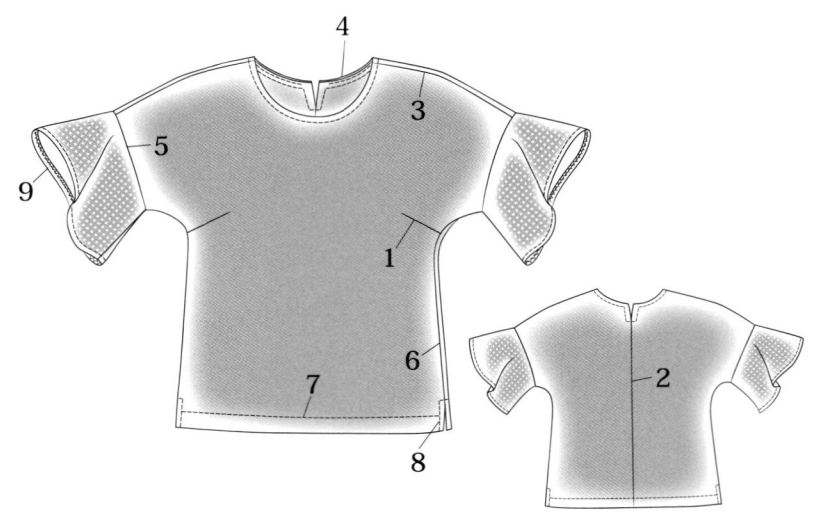

[裁ち方図]

別布　115cm幅

表布　150cm幅

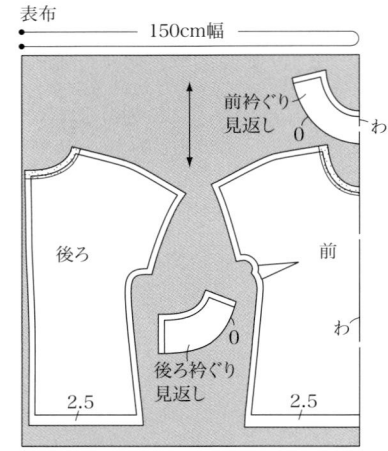

前衿ぐり
見返し

わ

0

後ろ

前

わ

後ろ衿ぐり
見返し

0

2.5

2.5

＊指定以外の縫い代は1cm
＊ ▨ は接着テープ

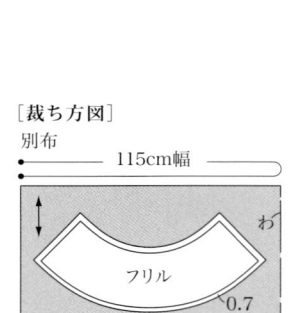

フリル

わ

0.7

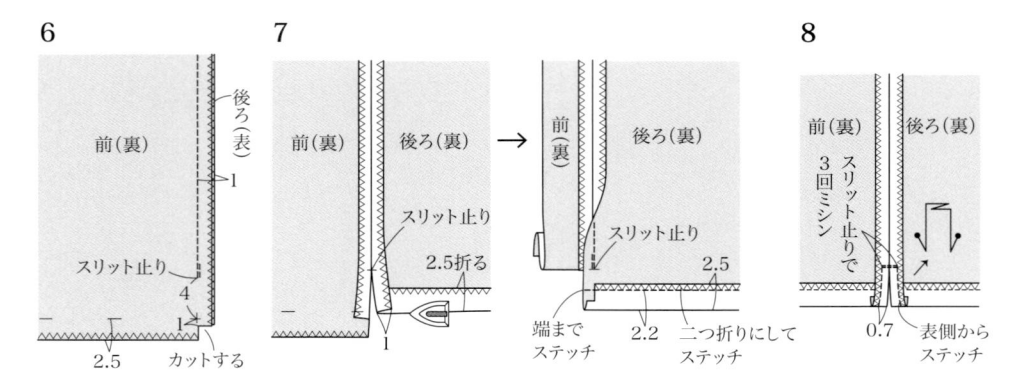

6
前(裏)　後ろ(表)
1
スリット止り
4
1
2.5
カットする

7
前(裏)　後ろ(裏)
スリット止り
2.5折る
1
→
前(裏)　後ろ(裏)
スリット止り
2.5
端まで
ステッチ
2.2　二つ折りにして
ステッチ

8
前(裏)　後ろ(裏)
3回
ミシン
スリット
止り
で
0.7
表側から
ステッチ

A-4 p.8

フリル袖のワンピース

実物大パターンA面

材料（S〜3L）

表布　ピンク＝135cm幅A丈1.7m、B丈1.8m
接着芯（衿ぐり見返し）＝90cm幅30cm
接着テープ（衿ぐり、ポケット口）＝12mm幅
1.5m

作り方

準備
身頃の衿ぐり、ポケット口に接着テープ、衿ぐり見返しに接着芯をはる。
身頃の肩、脇、後ろ中心、前身頃の裾、フリルの袖下と端にM。
1　前身頃のダーツを縫う（縫い代は上側に倒す）。（p.50参照）
2　後ろ中心を縫う（縫い代は割る）。
縫い代を整理して裾にM。（p.50参照）
3　身頃の肩を縫う（縫い代は割る）。（p.51参照）
4　衿ぐり見返しの肩を縫い（縫い代は割る）、見返しの端にM。
身頃と見返しを合わせて衿ぐりを縫い返す。
縫い代を見返し側に倒し、見返しと縫い代を縫いとめる。
肩縫い目に落しミシンをして身頃と見返しをとめる。
衿ぐりにステッチをかける。（p.52参照）
5　身頃にフリルをつける（2枚一緒にM。縫い代は身頃側に倒す）。（p.64参照）
6　ポケット口を残して袖下と脇を続けて縫う（縫い代は割る）。
7　裾を二つ折りにして縫う。（p.53参照）
8　フリルの端を二つ折りにして縫う。（p.64参照）
9　脇縫い目にポケットを作る。
＊Mは「縫い代にロックミシンまたはジグザグミシンをかける」の略。

出来上り寸法表
単位cm

	S	M	L	2L	3L
バスト	88	92	96	101	105.5
ヒップ	94	98.5	103	107.5	112.5
ゆき丈	47	48.5	50	51.5	53
着丈A	93	94	95	96.5	98
着丈B	98	99	100	101.5	103

［裁ち方図］

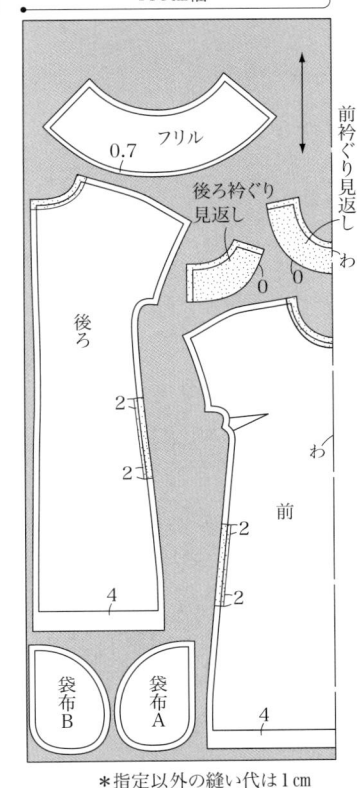

＊指定以外の縫い代は1cm
＊▨は接着芯、接着テープ

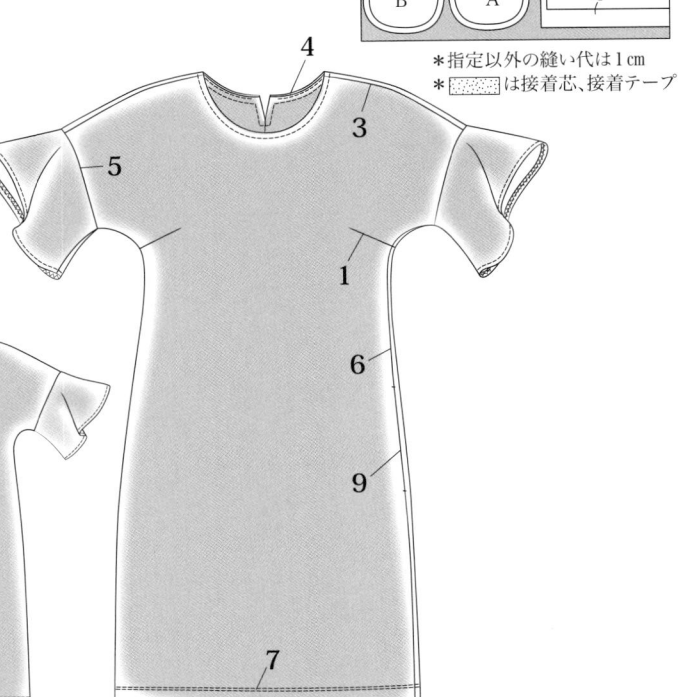

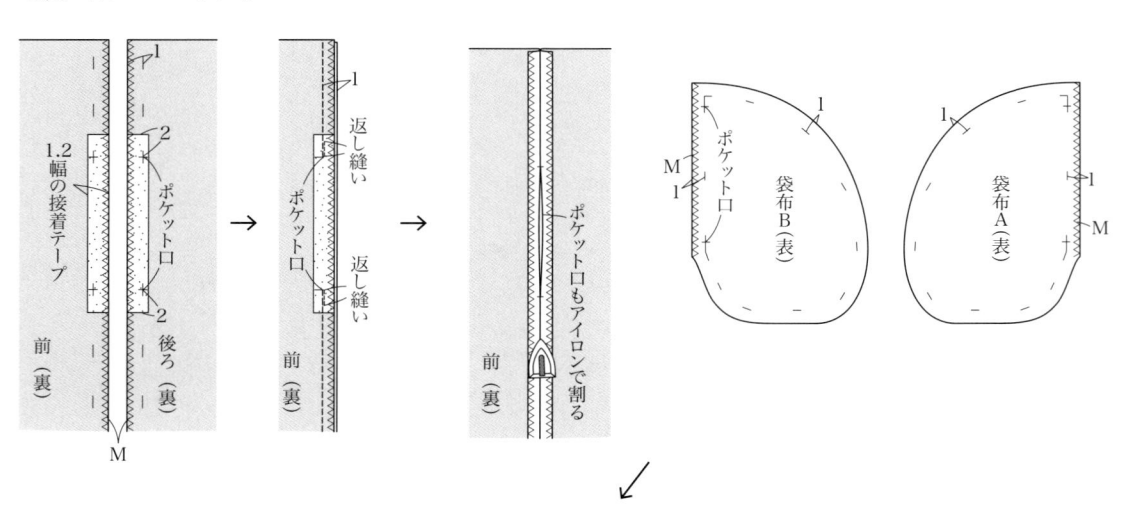

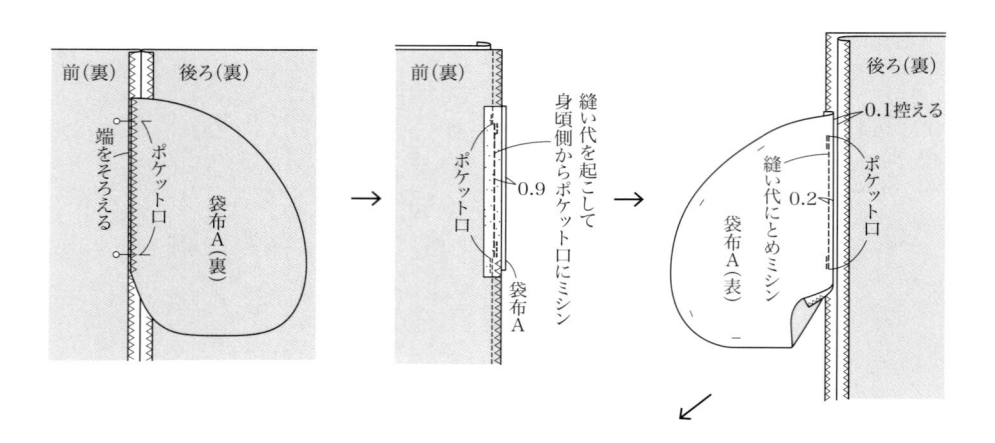

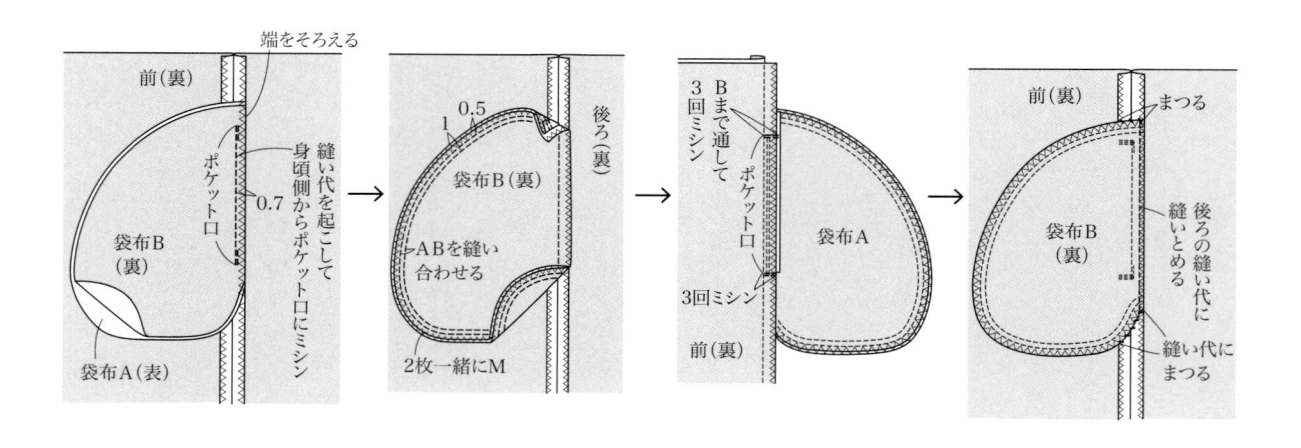

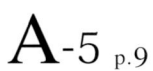

A-5 p.9

フリル袖のリトルブラックドレス

	S	M	L	2L	3L
バスト	88	92	96	101	105.5
ヒップ	94	98.5	103	107.5	112.5
ゆき丈	47	48.5	50	51.5	53
着丈A	93	94	95	96.5	98
着丈B	98	99	100	101.5	103

実物大パターンA面

材料
表布　黒(身頃、フリル、ポケット)＝124cm幅
A丈1.6m、B丈1.7m(S〜L)
A丈2.3m、B丈2.4m(2L、3L)
別布　白(衿ぐり見返し、フリル切替え布、ポケット切替え布)＝124cm幅50cm(S〜3L)
接着芯(ポケット口)＝30×20cm(S〜3L)
接着テープ(衿ぐり)＝12mm幅80cm(S〜3L)

作り方
準備
身頃の衿ぐりに接着テープ、ポケット切替え布に接着芯をはる。
身頃の肩、後ろ中心、前身頃の裾、フリル切替え布の端、ポケットと切替え布の周囲にM。
1　ポケットを作り、つける。
2　前身頃のダーツを縫う(縫い代は上側に倒す)。(p.50参照)
3　後ろ中心を縫う(縫い代は割る)。
縫い代を整理して裾にM。(p.50参照)
4　身頃の肩を縫う(縫い代は割る)。(p.51参照)
5　衿ぐり見返しの肩を縫い(縫い代は割る)、見返しの端にM。
身頃と見返しを合わせて衿ぐりを縫い返す。
縫い代を見返し側に倒し、見返しと縫い代を縫いとめる。
肩縫い目に落しミシンをして身頃と見返しをとめる。
衿ぐりにステッチをかける。(p.52参照)
6　後ろ衿ぐり見返しの端をステッチでとめる。(p.52参照)
7　フリルの切替え線を縫う(2枚一緒にM。縫い代は切替え布側に倒す)。
8　身頃にフリルをつける(2枚一緒にM。縫い代は身頃側に倒す)。
9　袖下と脇を続けて縫う(2枚一緒にM。縫い代は後ろ側に倒す)。(p.53参照)
10　裾を二つ折りにして縫う。(p.53参照)
11　フリルの端を二つ折りにして縫う。
＊Mは「縫い代にロックミシンまたはジグザグミシンをかける」の略。

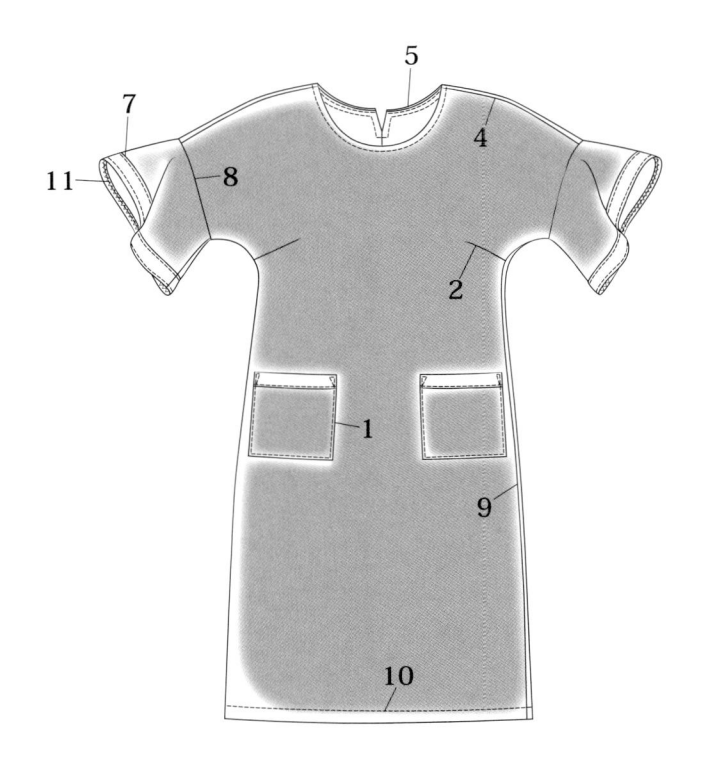

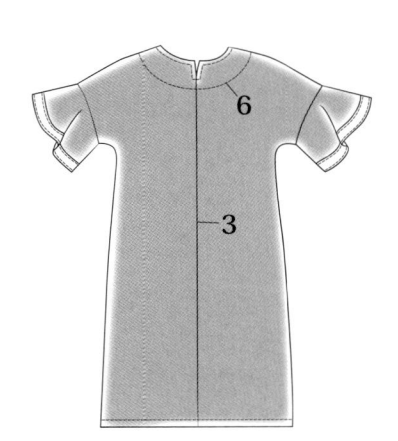

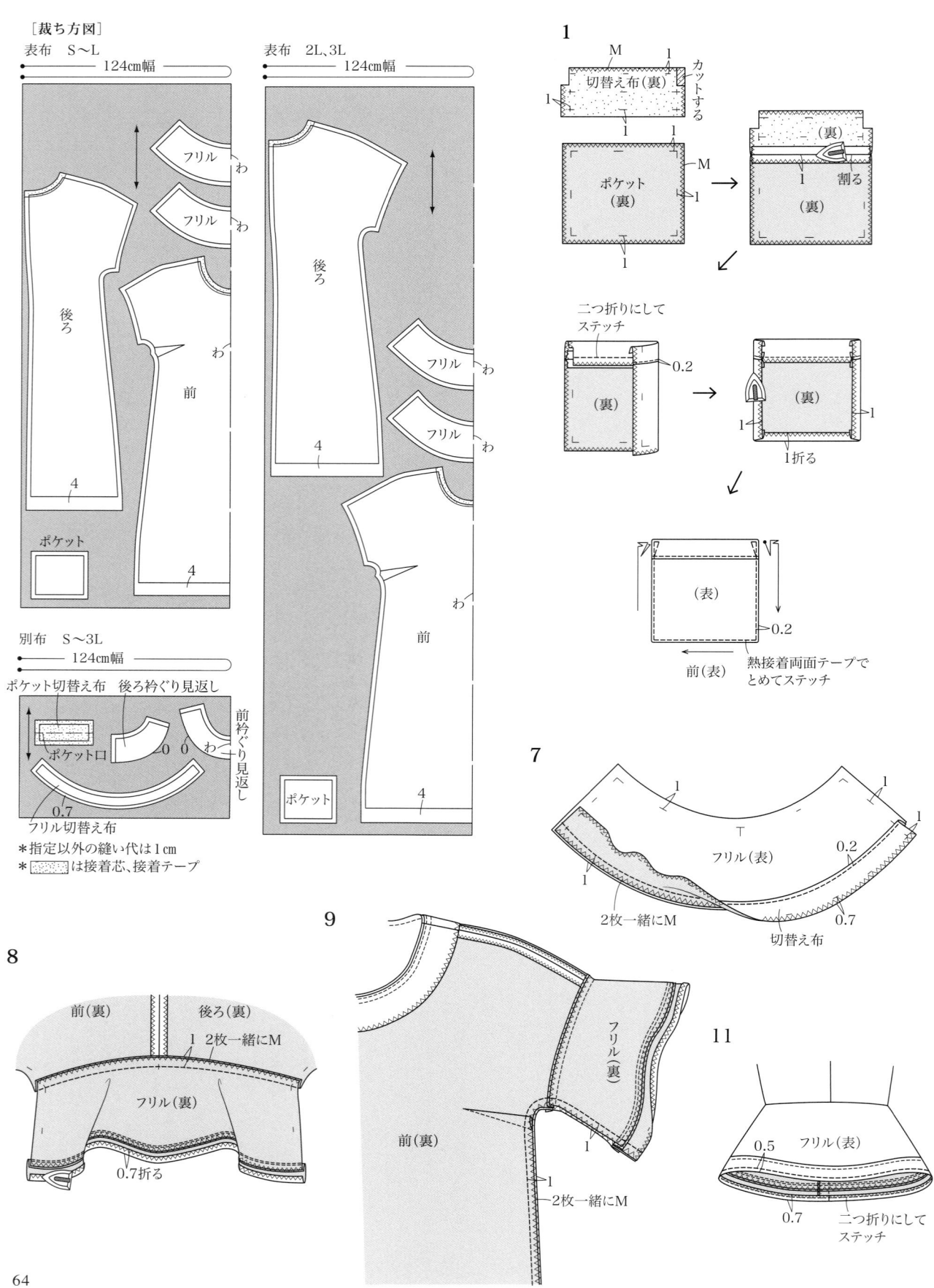

[裁ち方図]

表布　S〜L
124cm幅

フリル　わ
フリル　わ
後ろ
前　わ
ポケット
4
4

表布　2L、3L
124cm幅

後ろ
4
フリル　わ
フリル　わ
前
4
ポケット

別布　S〜3L
124cm幅

ポケット切替え布
ポケット口
フリル切替え布
0.7
後ろ衿ぐり見返し
0　0
前衿ぐり見返し　わ

＊指定以外の縫い代は1cm
＊[   ]は接着芯、接着テープ

1

M　1
切替え布(裏)　カットする
1
1　1

ポケット(裏)　M
1

1　割る
(裏)

1

二つ折りにして
ステッチ
(裏)　0.2

(裏)　1
1
1折る

(表)
0.2
前(表)
熱接着両面テープで
とめてステッチ

7

1　1
1
フリル(表)　0.2
1
2枚一緒にM　0.7
切替え布

8

前(裏)　後ろ(裏)
1　2枚一緒にM
フリル(裏)
0.7折る

9

フリル(裏)
前(裏)
1
1
2枚一緒にM

11

0.5
フリル(表)
0.7　二つ折りにして
ステッチ

64

A-6 p.10

リバーシブルのコーディガン

実物大パターンA面

材料

表布 ベージュ＝125cm幅A丈2.3m、B丈2.4m
（S～3L）
両折りバイアステープ（衿ぐり、前端、裾、袖口）＝
13mm幅
A丈はS…4.5m、M…4.7m、L…4.9m、2L…
5.1m、3L…5.3m
B丈はS…4.6m、M…4.8m、L…5m、2L…5.2m、
3L…5.4m
接着芯（ポケット口）＝30×20cm（S～3L）
接着テープ（衿ぐり、肩、袖ぐり、前端、裾、袖口）＝
12mm幅S…6.3m、M…6.5m、L…6.7m、2L…
6.9m、3L…7.1m

作り方

準備
身頃の衿ぐり、後ろの肩、袖ぐり、前端、裾、袖口に
接着テープをはる。
ポケット口に接着芯をはる。
ポケットの周囲にM。

1　前身頃のダーツを縫う（縫い代は上側に倒し
てステッチ）。
2　肩を縫う（縫い代は後ろ側に倒して折伏せ
縫い）。
3　身頃に袖をつける（縫い代は身頃側に倒して
折伏せ縫い）。
4　袖下と脇を続けて縫う（縫い代は後ろ側に倒
して折伏せ縫い）。
5　衿ぐりをバイアステープで始末する。
6　裾をバイアステープで始末する。
7　前端をバイアステープで始末する。
8　袖口をバイアステープで始末する。
9　ポケットを作り、つける。
＊Mは「縫い代にロックミシンまたはジグザグミシ
ンをかける」の略。

出来上り寸法表					単位cm
	S	M	L	2L	3L
バスト	92.5	96.5	100.5	105.5	110
ヒップ	94	98.5	103	107.5	112.5
ゆき丈	80.5	82	83.5	85	86.5
着丈A	96	97	98	99.5	101
着丈B	101	102	103	104.5	107

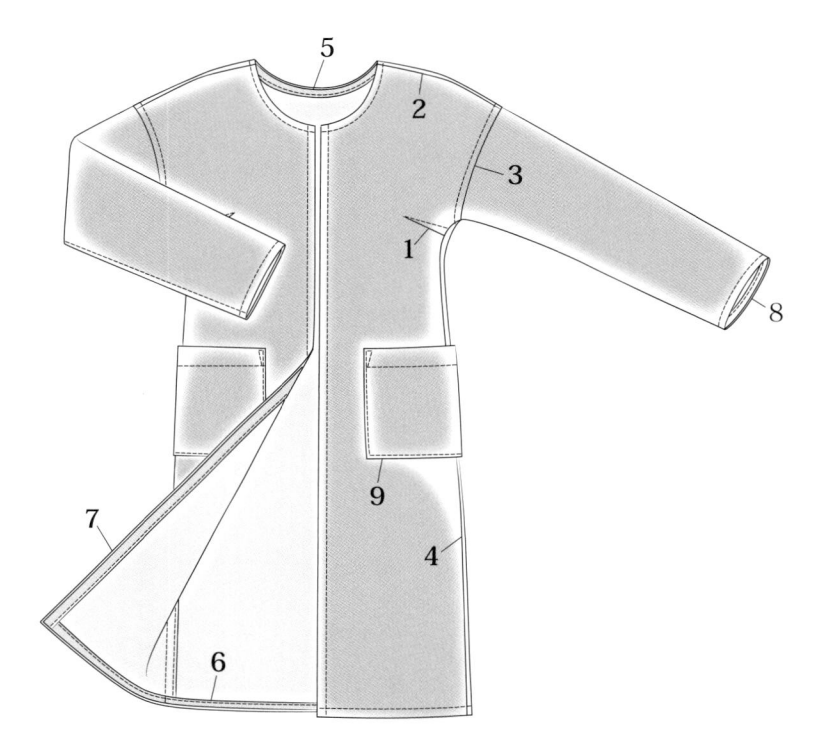

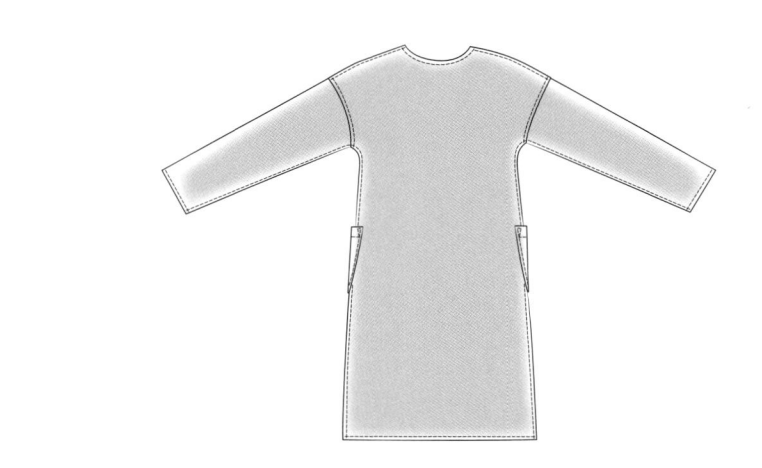

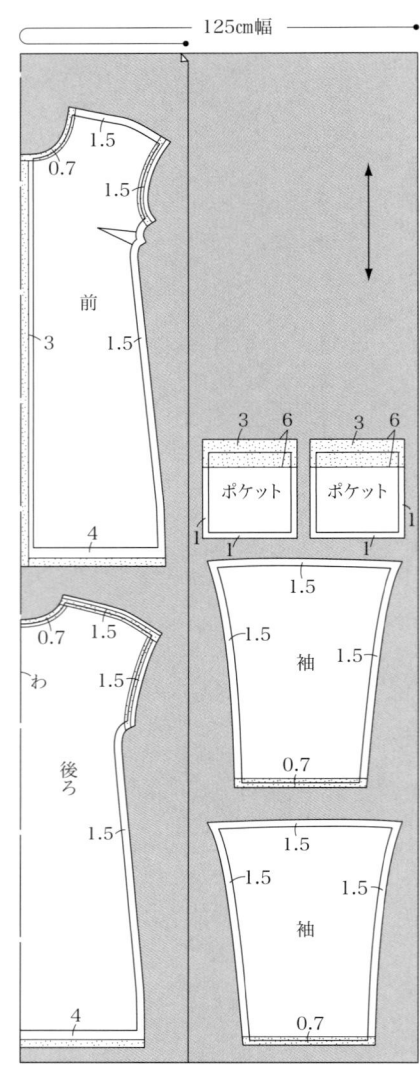

125cm幅

前

袖

後ろ

袖

ポケット

ポケット

3 6 3 6

*〰〰〰は接着芯、接着テープ

●接着テープのはり方

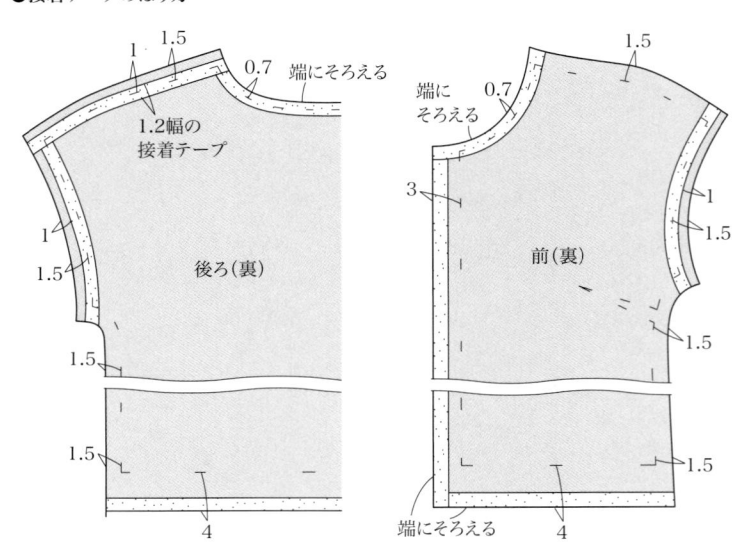

1.2幅の
接着テープ

端にそろえる

後ろ（裏）

前（裏）

端に
そろえる

端にそろえる

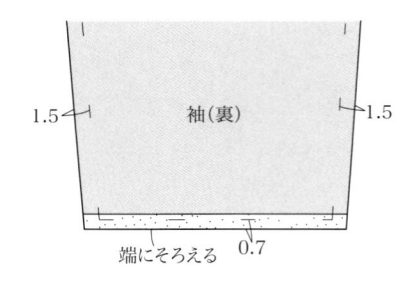

袖（裏）

端にそろえる

1

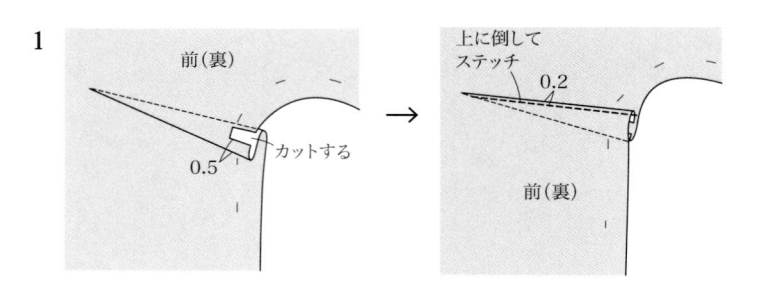

前（裏）

カットする

上に倒して
ステッチ

前（裏）

●厚物の折伏せ縫い

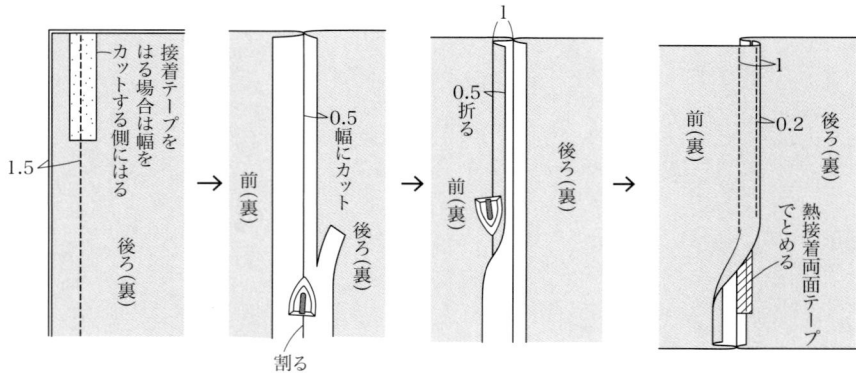

接着テープをはる場合は幅をカットする側にはる

後ろ（裏）

0.5幅にカット

前（裏）

後ろ（裏）

割る

0.5折る

前（裏）

後ろ（裏）

前（裏）

後ろ（裏）

熱接着両面テープでとめる

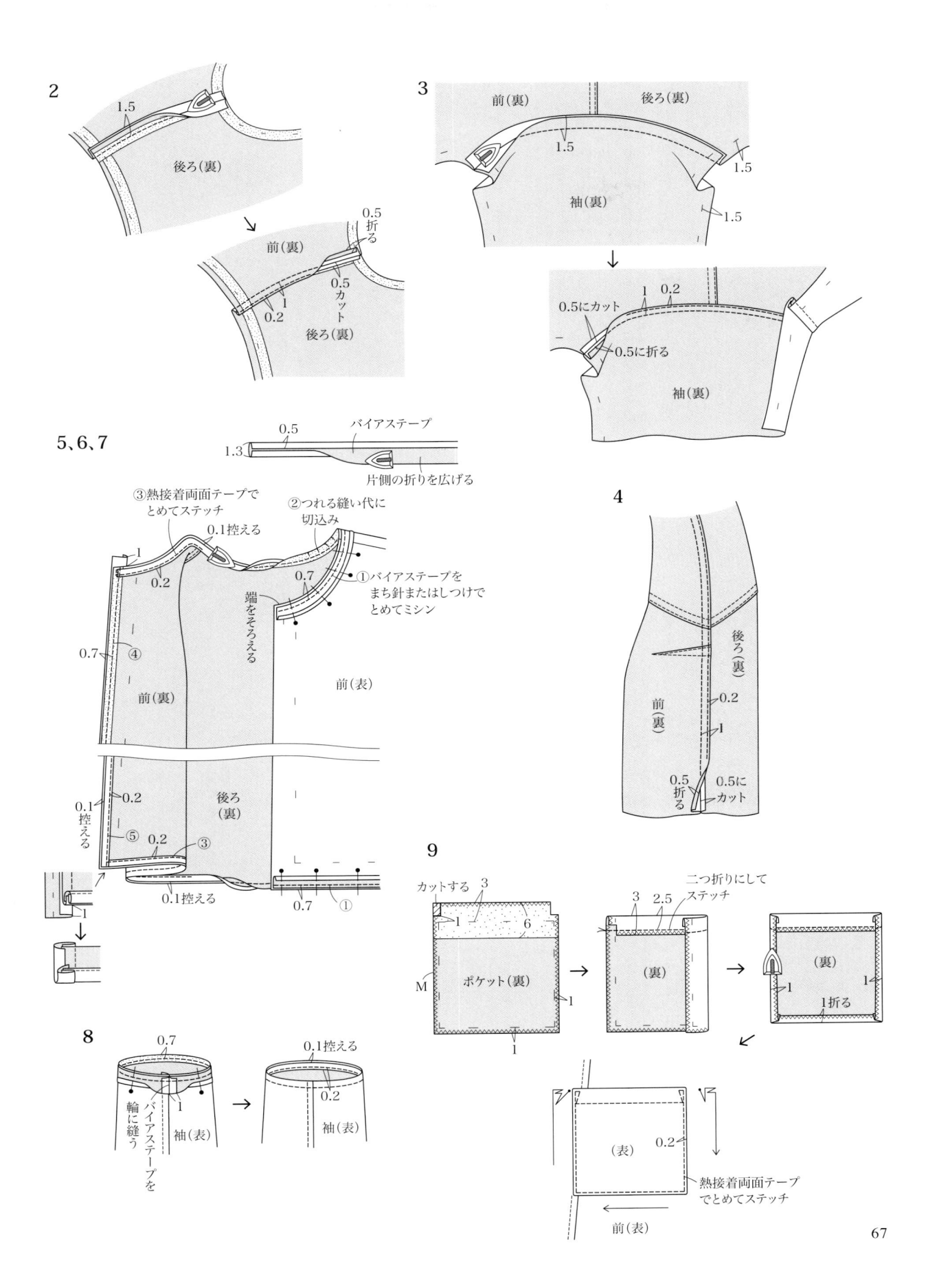

A-7 p.11

ウエストサッシュつきワンピース

実物大パターンA面

材料（S〜3L）
表布　柄＝160cm幅A丈1.4m、B丈1.5m
接着芯（衿ぐり見返し）＝90cm幅30cm
接着テープ（衿ぐり、袖口）＝12mm幅1.8m
ゴムテープ（サッシュ）＝6mm幅20cm

作り方
準備
身頃の衿ぐり、袖口に接着テープをはる。
身頃の肩、袖口、裾、後ろ中心、サッシュの周囲に
M。
1　前身頃のダーツを縫う（縫い代は上側に倒
す）。（p.50参照）
2　後ろ中心を縫う（縫い代は割る）。（p.50参照）
3　身頃の肩を縫う（縫い代は割る）。（p.51参照）
4　衿ぐり見返しの肩を縫い（縫い代は割る）、見
返しの端にM。
身頃と見返しを合わせて衿ぐりを縫い返す。
縫い代を見返し側に倒し、見返しと縫い代を縫い
とめる。
肩縫い目に落しミシンをして身頃と見返しをとめる。
衿ぐりにステッチをかける。（p.59参照）
5　後ろ衿ぐり見返しの端をステッチでとめる。
（p.59参照）
6　脇を縫う（2枚一緒にM。縫い代は後ろ側に
倒す）。（p.59参照）
7　裾を二つ折りにして縫う。（p.59参照）
8　袖口を二つ折りにして縫う。（p.59参照）
9　サッシュを作り、つける。
＊Mは「縫い代にロックミシンまたはジグザグミシ
ンをかける」の略。

出来上り寸法表　　　　単位cm

	S	M	L	2L	3L
バスト	88	92	96	101	105.5
ヒップ	94	98.5	103	107.5	112.5
ゆき丈	30.5	32	33.5	35	36.5
着丈A	93	94	95	96.5	98
着丈B	98	99	100	101.5	103

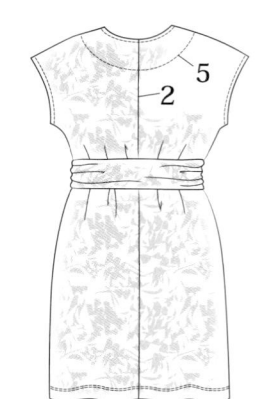

［裁ち方図］

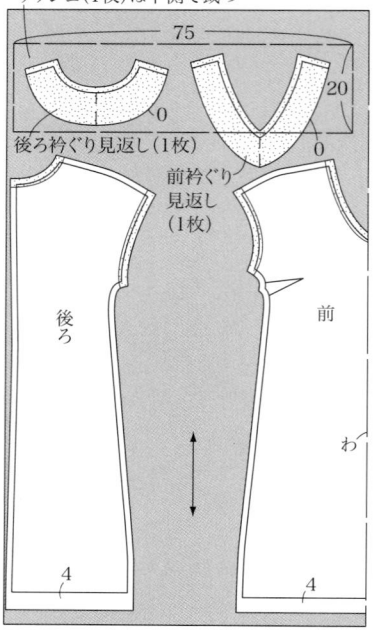

＊指定以外の縫い代は1cm
＊ ▨ は接着芯、接着テープ

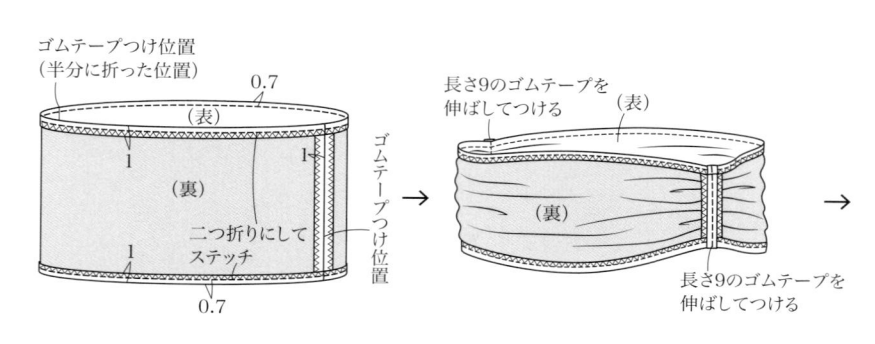

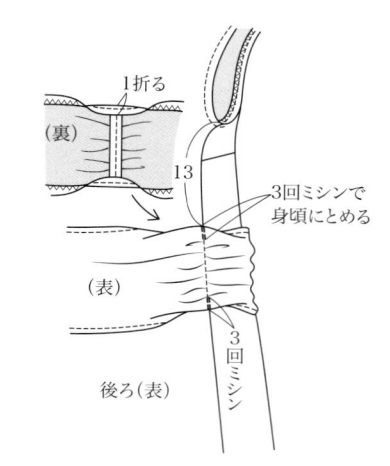

68

B-2 p.14

肩タックの半袖ワンピース

材料

表布　白＝140cm幅
A丈1.4m、B丈1.5m（S～3L）
両折りバイアステープ
（衿ぐり）＝13mm幅80cm（S～3L）
（ゴムテープ通し）＝18mm幅1.2m（S～L）、1.3m
（2L、3L）
接着テープ（衿ぐり）＝12mm幅80cm（S～3L）
ゴムテープ＝12mm幅S…67cm、M…72cm、L
…77cm、2L…82cm、3L…87cm

作り方

準備
身頃の衿ぐりに接着テープをはる。
身頃の裾、袖口にM。
1　肩のタックを縫う。（p.55参照）
2　肩を縫う（2枚一緒にM。縫い代は後ろ側に
倒す）。（p.55参照）
3　身頃に袖をつける（2枚一緒にM。縫い代は
袖側に倒す）。（p.55参照）
4　片方の袖下と脇を続けて縫う（2枚一緒に
M。縫い代は後ろ側に倒す）。（p.55参照）
5　身頃の裏側にゴムテープ通しをつける。もう
片方の脇の縫い代にかからないように縫い残して
おき、袖下と脇を続けて縫う（2枚一緒にM。縫い
代は後ろ側に倒す）。
6　裾を二つ折りにして縫う。
7　袖口を二つ折りにして縫う。
8　衿ぐりをバイアステープで始末する。（p.56
参照）
9　ゴムテープを通す。
＊Mは「縫い代にロックミシンまたはジグザグミシ
ンをかける」の略。

出来上り寸法表					単位cm
	S	M	L	2L	3L
バスト	91.5	95.5	99.5	104.5	109.5
背肩幅	39.5	40.5	41.5	43	44.5
ヒップ	99	103	107	112	117
袖丈	20	20	20	20	20
着丈A	96	96	96	96	96
着丈B	101	101	101	101	101

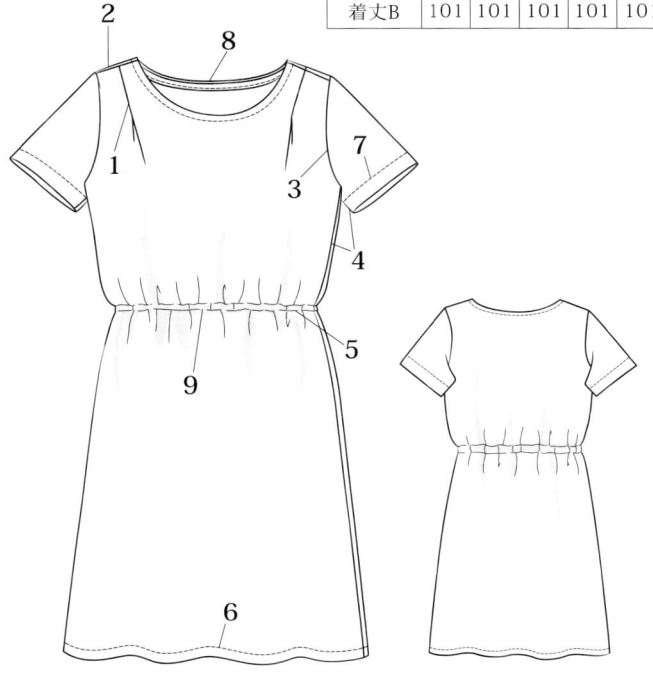

5～8

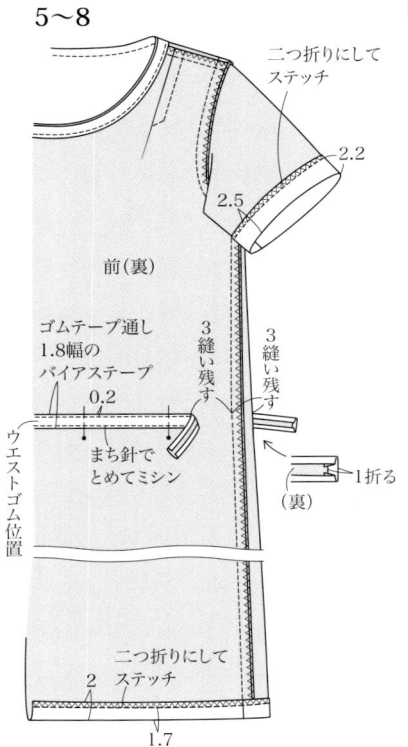

二つ折りにして
ステッチ
2.2
2.5
前（裏）
ゴムテープ通し
1.8幅の
バイアステープ
0.2
ウエストゴム位置
まち針で
とめてミシン
3縫い残す
3縫い残す
1折る
（裏）
二つ折りにして
ステッチ
2
1.7

［裁ち方図］

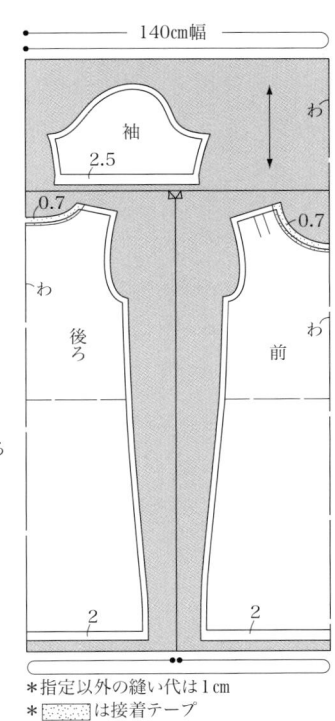

140cm幅
わ
袖
2.5
0.7
0.7
わ
わ
後ろ
前
2
2
＊指定以外の縫い代は1cm
＊ ▨ は接着テープ

9

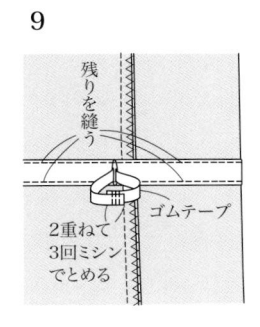

残りを縫う
ゴムテープ
2重ねて
3回ミシン
でとめる

B-3 p.15

ウエストベルトつきワンピース

実物大パターンB面

材料

表布　ベージュ＝137cm幅
A丈2.2m、B丈2.3m（S〜3L）
コードパイピング（袖切替え布、ベルト）＝S、M…
3.3m、L、2L…3.4m、3L…3.5m
両折りバイアステープ（衿ぐり）＝13mm幅80cm
（S〜3L）
接着テープ（衿ぐり）＝12mm幅80cm（S〜3L）
Dカン＝4cm幅2個
ゴムテープ＝6mm幅S…67cm、M…72cm、L…
77cm、2L…82cm、3L…87cm

作り方

準備
身頃の衿ぐりに接着テープをはる。
身頃の裾にM。
1　肩のタックを縫う。（p.55参照）
2　肩を縫う（2枚一緒にM。縫い代は後ろ側に
倒す）。（p.55参照）
3　袖切替え布の袖口を縫い返し、コードパイピ
ングを仮どめする。
4　袖に切替え布をつける（3枚一緒にM。縫い
代は切替え布側に倒す）。
5　身頃に袖をつける（2枚一緒にM。縫い代は
袖側に倒す）。（p.55参照）
6　袖下と脇を続けて縫う（2枚一緒にM。縫い
代は後ろ側に倒す）。
7　裾を二つ折りにして縫う。
8　衿ぐりをバイアステープで始末する。（p.56
参照）
9　ウエストにゴムテープをつける。
10　ベルトを作る。
＊Mは「縫い代にロックミシンまたはジグザグミシ
ンをかける」の略。

出来上り寸法表					単位cm
	S	M	L	2L	3L
バスト	91.5	95.5	99.5	104.5	109.5
背肩幅	39.5	40.5	41.5	43	44.5
ヒップ	99	103	107	112	117
袖丈	44	44	44	44	44
着丈A	96	96	96	96	96
着丈B	101	101	101	101	101

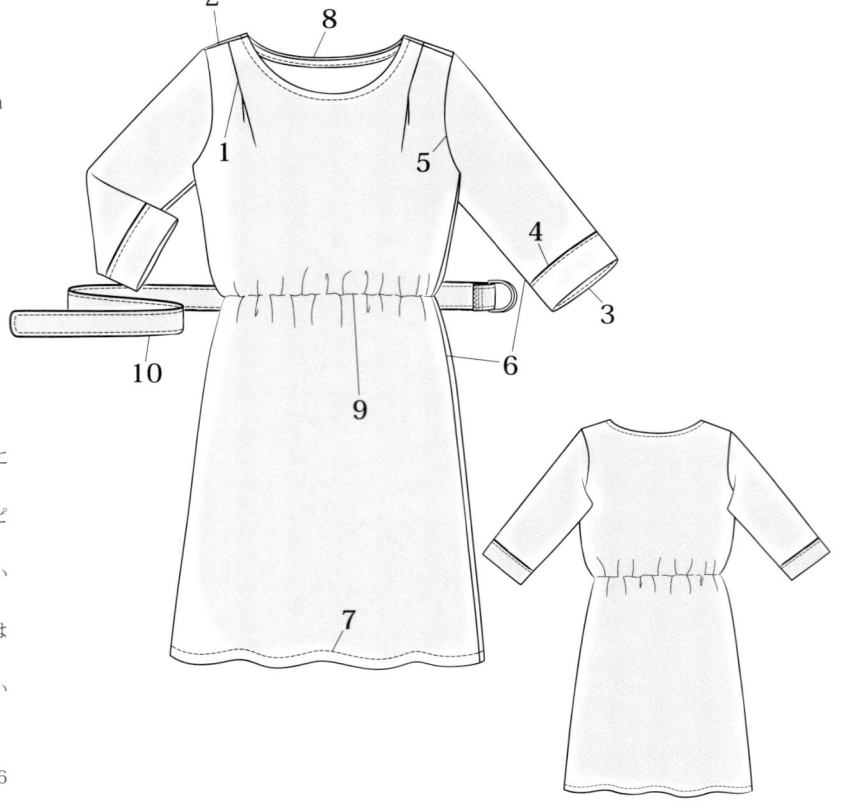

＊指定以外の縫い代は1cm
＊ :::: は接着テープ

[裁ち方図]

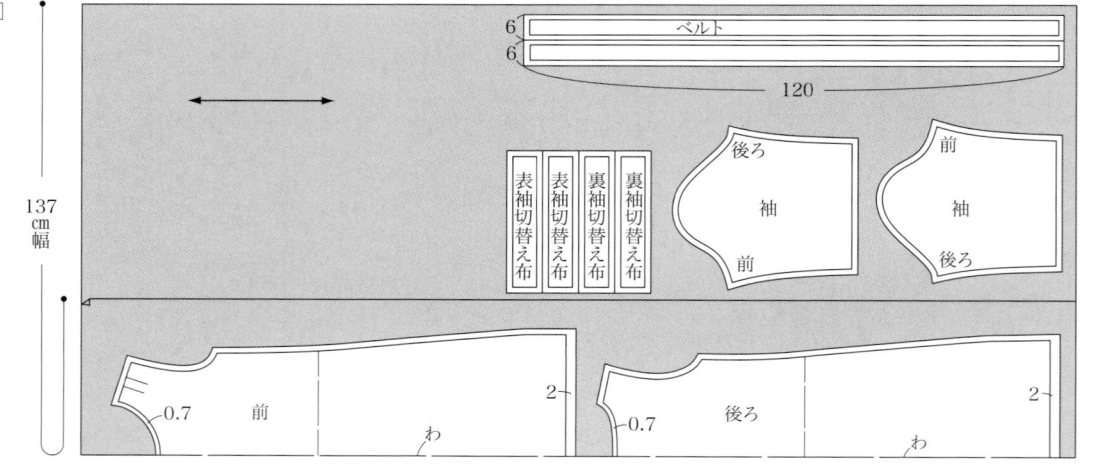

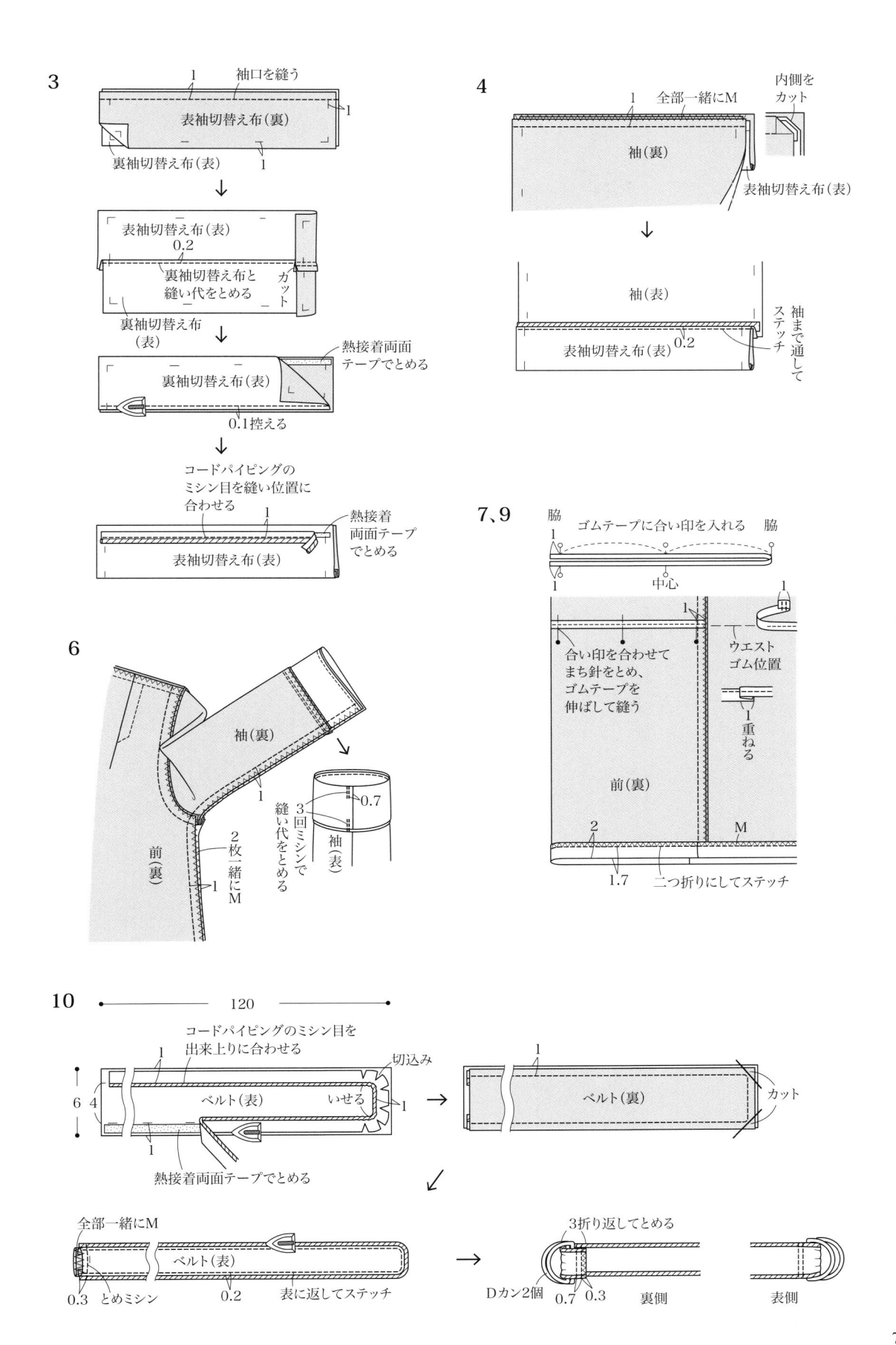

3 袖口を縫う

表袖切替え布（裏）
1
1
裏袖切替え布（表）
1

↓

表袖切替え布（表）
0.2
裏袖切替え布と縫い代をとめる
カット
裏袖切替え布（表）

↓

裏袖切替え布（表）
熱接着両面テープでとめる
0.1控える

↓

コードパイピングのミシン目を縫い位置に合わせる
1
表袖切替え布（表）
熱接着両面テープでとめる

4
1　全部一緒にM
内側をカット
袖（裏）
表袖切替え布（表）

↓

袖（表）
表袖切替え布（表）　0.2
袖まで通してステッチ

6
袖（裏）
前（裏）
2枚一緒にM
0.7
3回ミシンで縫い代をとめる
袖（表）
1

7、9
脇　ゴムテープに合い印を入れる　脇
1
1
中心

合い印を合わせてまち針をとめ、ゴムテープを伸ばして縫う
1
ウエストゴム位置
1重ねる
前（裏）
2
1.7
二つ折りにしてステッチ
M

10　←————— 120 —————→

コードパイピングのミシン目を出来上りに合わせる
1
切込み
6　4
ベルト（表）
いせる
1
1
熱接着両面テープでとめる

→

1
ベルト（裏）
カット

↓

全部一緒にM
ベルト（表）
0.3　とめミシン
0.2
表に返してステッチ

→

3折り返してとめる
Dカン2個　0.7　0.3
裏側
表側

71

B-4 p.16
レースのブラウス

実物大パターンB面

出来上り寸法表 単位cm

	S	M	L	2L	3L
バスト	91.5	95.5	99.5	104.5	109.5
背肩幅	39.5	40.5	41.5	43	44.5
袖丈	44	44	44	44	44
着丈	55	55	55	55	55

材料
表布 黒レース（表身頃、袖、ポケット）＝110cm
幅1.4m（S〜3L）
別布 黒（裏身頃）＝124cm幅70cm（S〜3L）
スパンコールテープ（衿ぐり、ポケット）＝1.2cm
幅80cm（S〜M）、90cm（L〜3L）

作り方
準備
ポケットの周囲、裏身頃の裾にM。
1 ポケットを作り、つける。
2 表身頃の肩タックを縫う。（p.55参照）
3 表身頃の肩を縫う（縫い代は割る）。
4 表身頃の脇を縫う（2枚一緒にM。縫い代は
後ろ側に倒す）。
5 裏身頃を縫う。
 a 肩タックを縫う。
 b 外表に合わせて肩を縫う（縫い代は後ろ側
 に倒す）。
 c 脇を縫う（2枚一緒にM。縫い代は後ろ側に
 倒す）。
 d 裾を二つ折りにして縫う。
6 表身頃の表側と裏身頃の裏側を合わせて、衿
ぐりを縫い返す。縫い代を裏身頃側に倒し、裏身
頃と縫い代を縫いとめる。肩縫い目に落しミシン
をして表身頃と裏身頃をとめる。衿ぐりにステッチ
をかける。表身頃と裏身頃の袖ぐりを合わせて仮
どめする。
7 袖下を縫う（2枚一緒にM。縫い代は後ろ側
に倒す）。
8 袖をつける（3枚一緒にM。縫い代は袖側に
倒す）。
9 衿ぐりにスパンコールテープをつける
＊Mは「縫い代にロックミシンまたはジグザグミシ
ンをかける」の略。

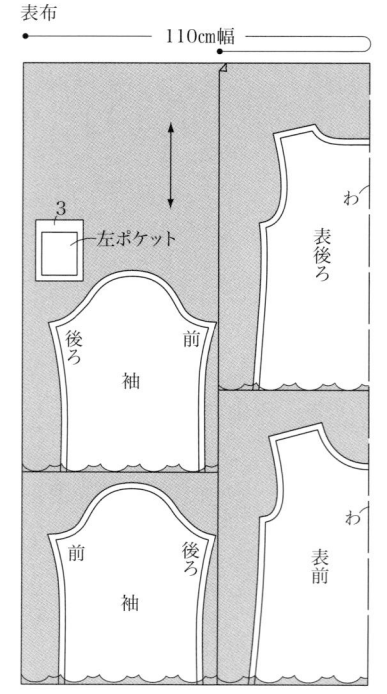

[**裁ち方図**]
表布

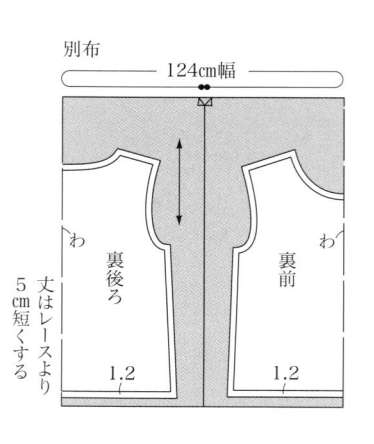

別布

＊指定以外の縫い代は1cm

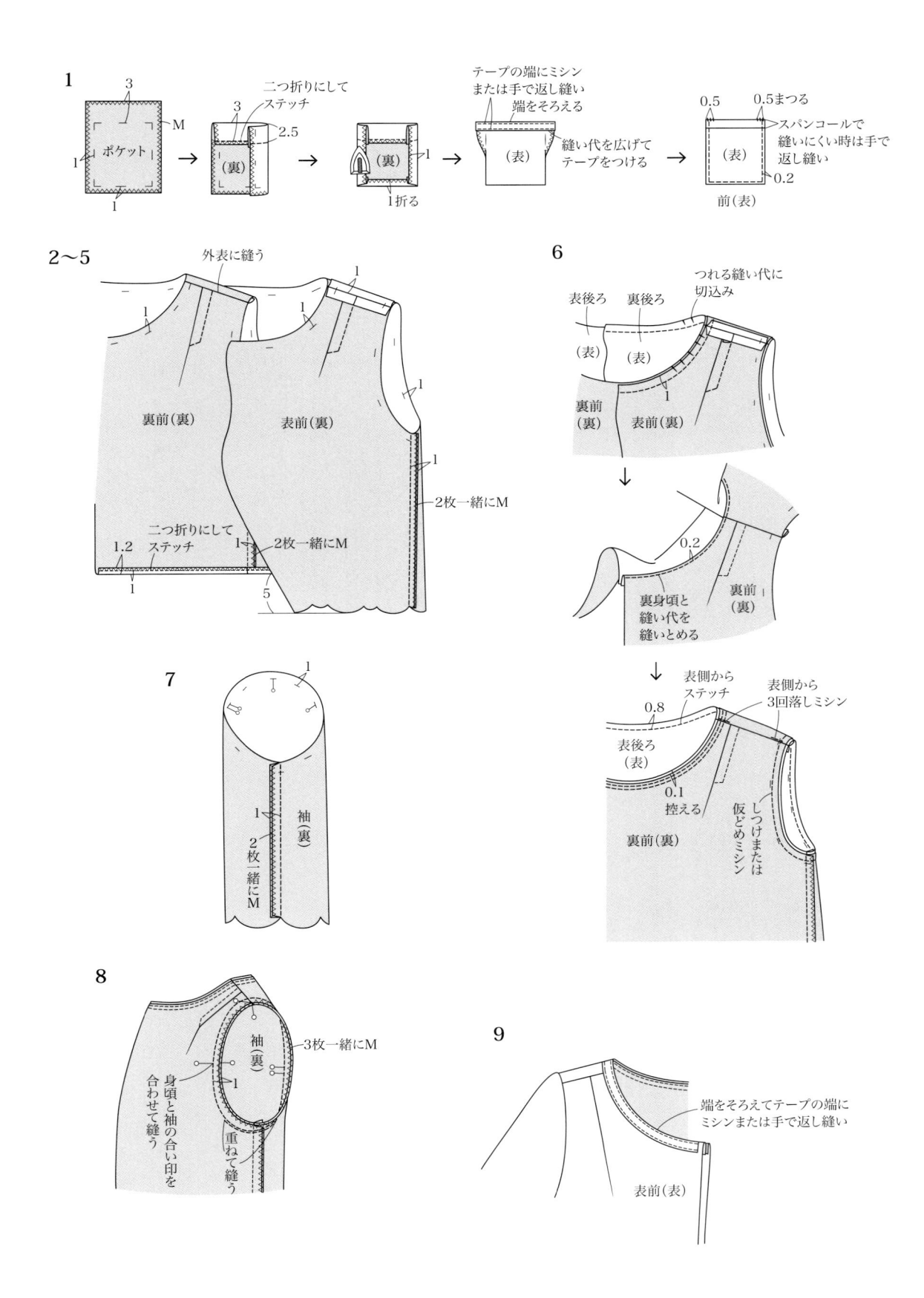

1

3 — M — ポケット — 1

二つ折りにして ステッチ — 3 — 2.5 — （裏）

（裏）1 — 1折る

テープの端にミシンまたは手で返し縫い 端をそろえる — （表）縫い代を広げてテープをつける

0.5 — 0.5まつる — スパンコールで縫いにくい時は手で返し縫い — （表）0.2 — 前（表）

2〜5

外表に縫う

裏前（裏）— 表前（裏）

1 — 1 — 1 — 1 — 2枚一緒にM

二つ折りにして ステッチ — 1.2 — 1 — 1 — 2枚一緒にM — 5

6

つれる縫い代に切込み

表後ろ — 裏後ろ — （表）（表）

裏前（裏）— 表前（裏）— 1

0.2 — 裏身頃と縫い代を縫いとめる — 裏前（裏）

表側からステッチ — 表側から3回落しミシン — 0.8 — 表後ろ（表）— 0.1控える — しつけまたは仮どめミシン — 裏前（裏）

7

1 — 2枚一緒にM — 袖（裏）

8

袖（裏）— 3枚一緒にM — 1 — 身頃と袖の合い印を合わせて縫う — 重ねて縫う

9

端をそろえてテープの端にミシンまたは手で返し縫い — 表前（表）

C-1 p.18

ウエスト切替えのバイカラーワンピース

実物大パターンC,D面

材料（S～3L）

表布　黒（身頃、袖）＝135cm幅1.1m

別布　柄（袖、切替え布、スカート）＝125cm幅
A丈80cm、B丈90cm

両折りバイアステープ（衿ぐり）＝13mm幅80cm

接着テープ（衿ぐり）＝12mm幅80cm

作り方

準備

身頃の衿ぐりに接着テープをはる。

スカートの裾にM。

1　前身頃のダーツを縫う（縫い代は上側に倒す）。（p.50参照）

2　身頃の肩を縫う（2枚一緒にM。縫い代は後ろ側に倒す）。

3　袖口に切替え布をつける（3枚一緒にM。縫い代は切替え布側に倒す）。

4　袖山ダーツを縫う（後ろ側に倒す）。

5　身頃に袖をつける（2枚一緒にM。縫い代は袖側に倒す）。（p.55参照）

6　袖下と脇を続けて縫う（2枚一緒にM。縫い代は後ろ側に倒す）。

7　衿ぐりをバイアステープで始末する。（p.56参照）

8　スカートの脇を縫う（2枚一緒にM。縫い代は後ろ側に倒す）。

9　裾を二つ折りにして縫う。

10　身頃とスカートを縫い合わせる（2枚一緒にM。縫い代はスカート側に倒す）。

＊Mは「縫い代にロックミシンまたはジグザグミシンをかける」の略。

出来上り寸法表					単位cm
	S	M	L	2L	3L
バスト	87	91	95	100	105
背肩幅	38.5	39.5	40.5	42	43.5
ヒップ	95.5	99.5	103.5	108.5	113.5
袖丈	50.5	50.5	50.5	50.5	50.5
着丈A	93	93	93	93	93
着丈B	98	98	98	98	98

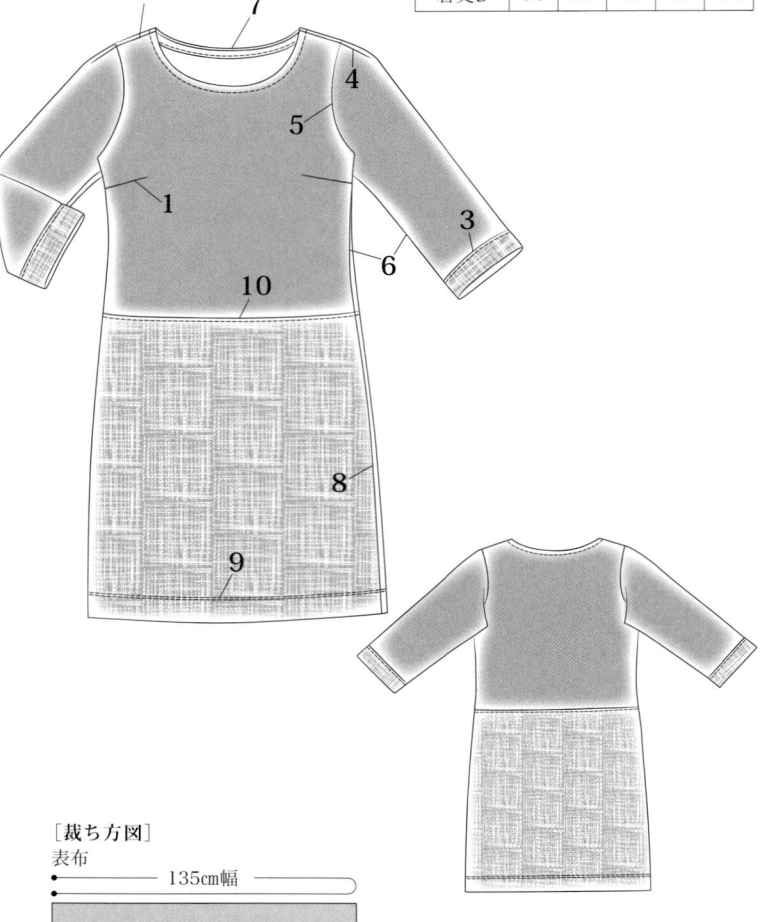

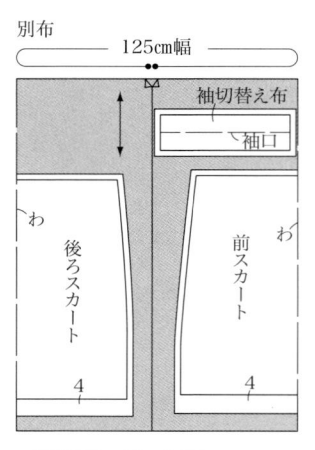

[裁ち方図]

表布

135cm幅

袖

わ

0.7　わ

後ろ

前

0.7　わ

別布

125cm幅

袖切替え布

袖口

わ

後ろスカート

前スカート

わ

4

4

＊指定以外の縫い代は1cm

＊▨は接着テープ

3、4

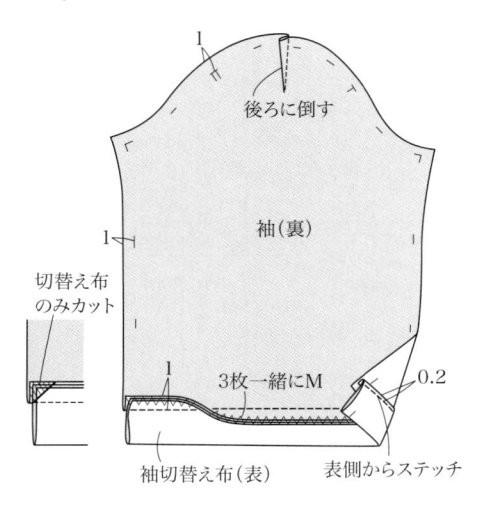

後ろに倒す
袖(裏)
1
1
切替え布
のみカット
3枚一緒にM
0.2
1
袖切替え布(表)
表側からステッチ

6

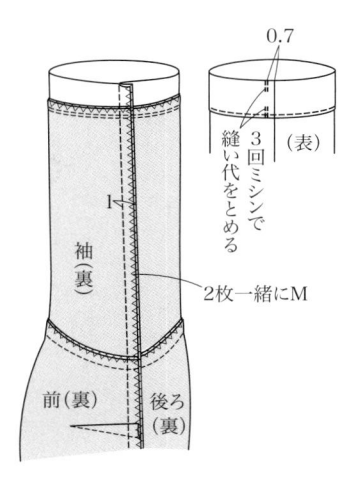

0.7
(表)
3回ミシンで
縫い代を
とめる
1
袖(裏)
2枚一緒にM
前(裏)
後ろ(裏)

8、9、10

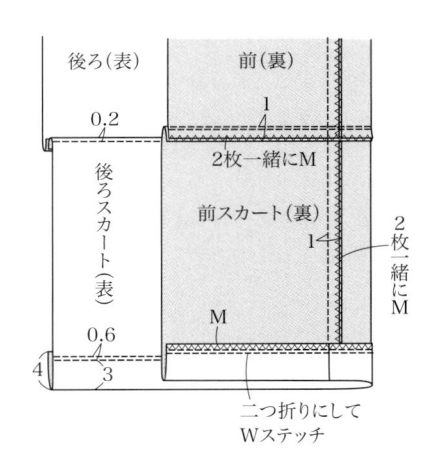

後ろ(表)
前(裏)
0.2
1
2枚一緒にM
後ろスカート(表)
前スカート(裏)
1
2枚一緒にM
M
0.6
4
3
二つ折りにして
Wステッチ

p.30

Basic のワンピース

実物大パターンC面

材料（S〜3L）
表布　柄＝125cm幅A丈1.4m、B丈1.5m
接着テープ（衿ぐり、袖ぐり）＝12mm幅2m

作り方
準備
身頃の衿ぐり、袖ぐりに接着テープをはる。
身頃の脇、裾、見返しの端にM。
1　前身頃のダーツを縫う（縫い代は上側に倒す）。（p.50参照）
2　身頃の肩を縫う（縫い代は割る）。
3　見返しの肩を縫う（縫い代は割る）。
身頃と見返しを合わせて衿ぐりを縫い返す。
縫い代を見返し側に倒し、見返しと縫い代を縫いとめる。（p.81参照）
4　袖ぐりを縫い返す。
肩縫い目に落しミシンをして身頃と見返しをとめる。（p.81参照）
5　身頃の脇と見返しの脇を続けて縫う（縫い代は割る）。
脇縫い目に落しミシンをして身頃と見返しをとめる。（p.81参照）
6　裾を二つ折りにして縫う。（上図参照）
＊Mは「縫い代にロックミシンまたはジグザグミシンをかける」の略。

出来上り寸法表					単位cm
	S	M	L	2L	3L
バスト	87	91	95	100	105
背肩幅	38.5	39.5	40.5	42	43.5
ヒップ	95.5	99.5	103.5	108.5	113.5
着丈A	93	93	93	93	93
着丈B	98	98	98	98	98

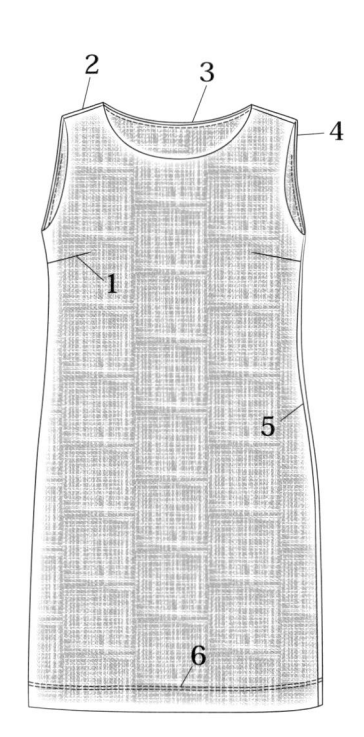

2
3
4
1
5
6

[裁ち方図]

＊指定以外の縫い代は1cm
＊ ░ は接着テープ

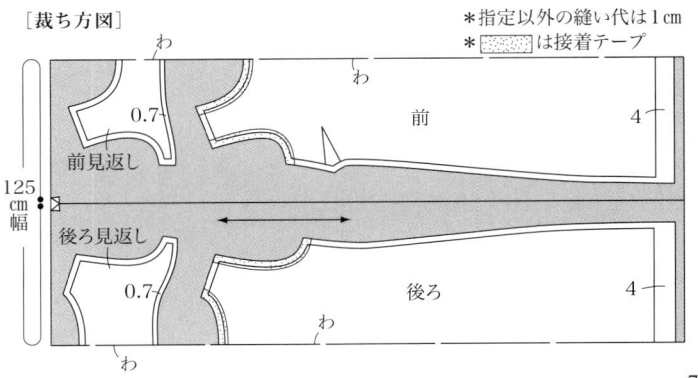

わ
わ
0.7
前見返し
前
4
125cm幅
後ろ見返し
0.7
後ろ
4
わ
わ

C-2 p.20

バイカラーの7分袖丈ワンピース

実物大パターンC,D面

材料

表布　紺(身頃、折返し見返し)＝124cm幅
A丈1.2m、B丈1.3m(S〜3L)
別布　白(表見返し、袖)＝140cm幅
60cm(S〜L)、70cm(2L、3L)
接着テープ(衿ぐり)＝12mm幅80cm(S〜3L)
ゴムテープ＝6mm幅S…67cm、M…72cm、
L…77cm、2L…82cm、3L…87cm
ボタン＝直径15mmを2個

作り方

準備
身頃の衿ぐりに接着テープをはる。
身頃の裾、折返し見返しの端にM。
1　前身頃のダーツを縫う(縫い代は上側に倒す)。
(p.50参照)
2　外表にして身頃の肩を縫う(縫い代は割る)。
3　中表にして表見返しの肩を縫う(縫い代は割る)。
身頃の裏側と表見返しの表側を合わせて、衿ぐりを縫
い返す。
縫い代を身頃側に倒し、身頃と縫い代を縫いとめる。
肩縫い目に落しミシンをして表見返しと身頃をとめる。
衿ぐりにステッチをかける。
4　見返しの端を身頃の表に縫いつける。
身頃と表見返しの袖ぐりを合わせて仮どめする。
5　袖山ダーツを縫う(後ろ側に倒す)。(p.75参照)
6　身頃に袖をつける(3枚一緒にM。縫い代は袖側
に倒す)。(p.55参照)
7　袖下と脇を続けて縫う(2枚一緒にM。縫い代は
後ろ側に倒す)。(p.53参照)
8　裾を二つ折りにして縫う。
9　折返し見返しを輪に縫い(縫い代は割る)、袖口に
合わせて縫い返す。
縫い代を袖側に倒し、袖と縫い代を縫いとめる。
見返しの端をステッチでとめる。(p.53参照)
10　ウエストにゴムテープをつける。(p.71参照)
11　袖口を折り上げてとめ、飾りボタンをつける。
＊Mは「縫い代にロックミシンまたはジグザグミシンを
かける」の略。

p.31左の材料

表布　柄(身頃、折返し見返し)＝125cm幅
A丈1.2m、B丈1.3m(S〜3L)
別布　黒(表見返し、袖)＝135cm幅
60cm(S〜L)、70cm(2L、3L)
接着テープ(衿ぐり)＝12mm幅80cm(S〜3L)
ゴムテープ＝6mm幅S…67cm、M…72cm、L…
77cm、2L…82cm、3L…87cm

作り方

C-2と同じ。ボタンはつけない。

出来上り寸法表					単位cm
	S	M	L	2L	3L
バスト	87	91	95	100	105
背肩幅	38.5	39.5	40.5	42	43.5
ヒップ	95.5	99.5	103.5	108.5	113.5
袖丈	46.5	46.5	46.5	46.5	46.5
着丈A	93	93	93	93	93
着丈B	98	98	98	98	98

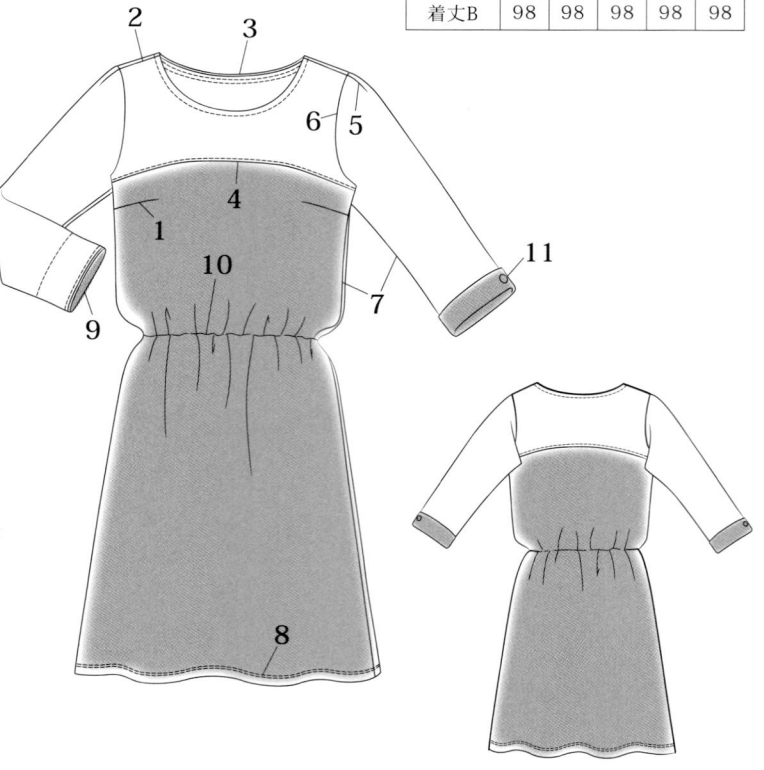

[裁ち方図]
表布

別布

＊指定以外の縫い代は1cm
＊ ░░ は接着テープ

2、3

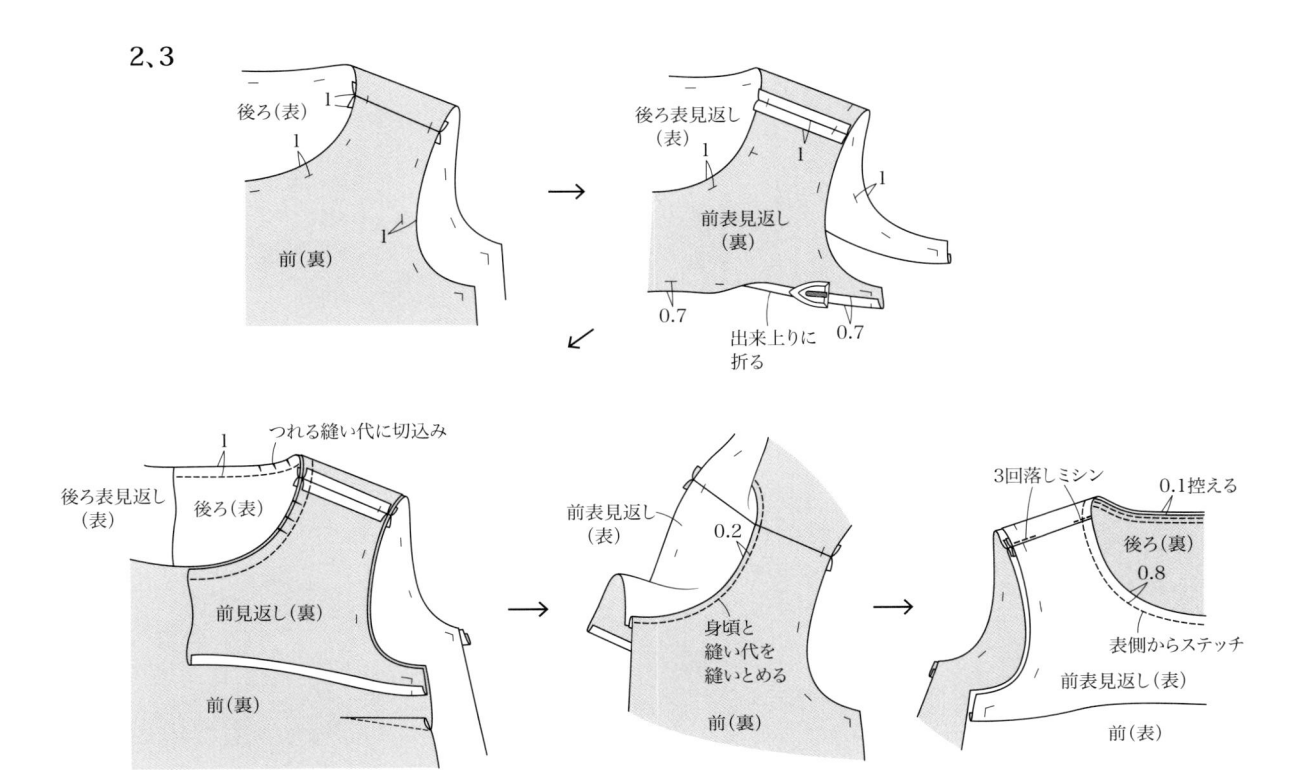

後ろ(表)

1

1

前(裏)

1

→

後ろ表見返し
(表)

1

1

1

前表見返し
(裏)

0.7

0.7

出来上りに
折る

↙

後ろ表見返し
(表)

1

後ろ(表)

つれる縫い代に切込み

前見返し(裏)

前(裏)

→

前表見返し
(表)

0.2

身頃と
縫い代を
縫いとめる

前(裏)

→

3回落しミシン

0.1控える

後ろ(裏)

0.8

表側からステッチ

前表見返し(表)

前(表)

4

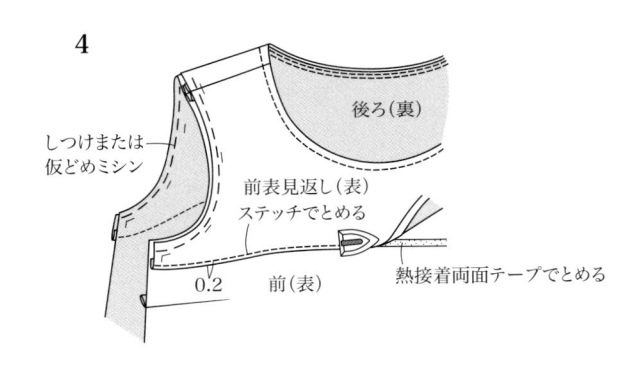

しつけまたは
仮どめミシン

後ろ(裏)

前表見返し(表)

ステッチでとめる

0.2

前(表)

熱接着両面テープでとめる

8

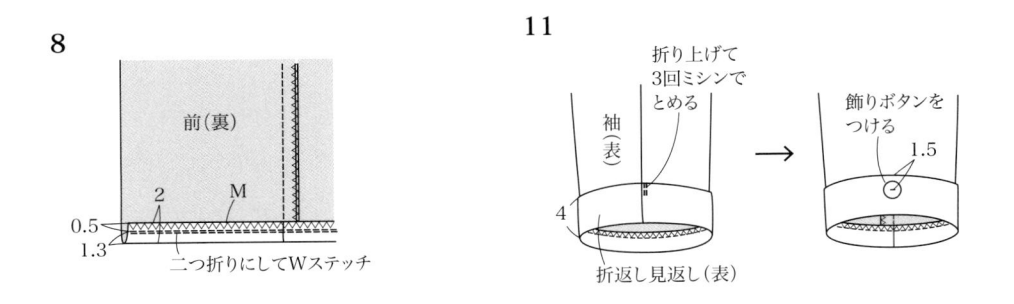

前(裏)

2

M

0.5

1.3

二つ折りにしてWステッチ

11

折り上げて
3回ミシンで
とめる

袖
(表)

4

折返し見返し(表)

→

飾りボタンを
つける

1.5

77

C-3 p.21

チューリップスリーブのワンピース

実物大パターンC面

材料（S〜3L）
表布　青＝145cm幅A丈、B丈1.9m
接着テープ（衿ぐり）＝12mm幅80cm

作り方
準備
身頃の衿ぐりに接着テープをはる。
身頃の肩、スカートの裾、ラップの前端から裾、袖口にM。
1　前身頃のダーツを縫う（縫い代は上側に倒す）。（p.50参照）
2　身頃の肩を縫う（縫い代は割る）。
3　衿ぐり見返しの肩を縫い（縫い代は割る）、見返しの端にM。
身頃と見返しを合わせて衿ぐりを縫い返す。
縫い代を見返し側に倒し、見返しと縫い代を縫いとめる。
肩縫い目に落しミシンをして身頃と見返しをとめる。
衿ぐりにステッチをかける。（p.59参照）
4　後ろ衿ぐり見返しの端をステッチでとめる。
5　チューリップスリーブを作る。
6　身頃に袖をつける（2枚一緒にM。縫い代は袖側に倒す）。（p.55参照）
7　袖下と脇を続けて縫う（2枚一緒にM。縫い代は後ろ側に倒す）。
袖口の残りを縫う。（p.83参照）
8　ラップの前端から裾を二つ折りにして縫う。
9　右脇にラップをはさんでスカートの脇を縫う（3枚一緒にM。縫い代は後ろ側に倒す）。
10　裾を二つ折りにして縫う。
11　身頃とスカートを縫い合わせる（3枚一緒にM。縫い代は身頃側に倒す）。
＊Mは「縫い代にロックミシンまたはジグザグミシンをかける」の略。

出来上り寸法表
単位cm

	S	M	L	2L	3L
バスト	87	91	95	100	105
背肩幅	38.5	39.5	40.5	42	43.5
ヒップ	95.5	99.5	103.5	108.5	113.5
袖丈	22.5	23	23.5	24	24.5
着丈A	93	93	93	93	93
着丈B	98	98	98	98	98

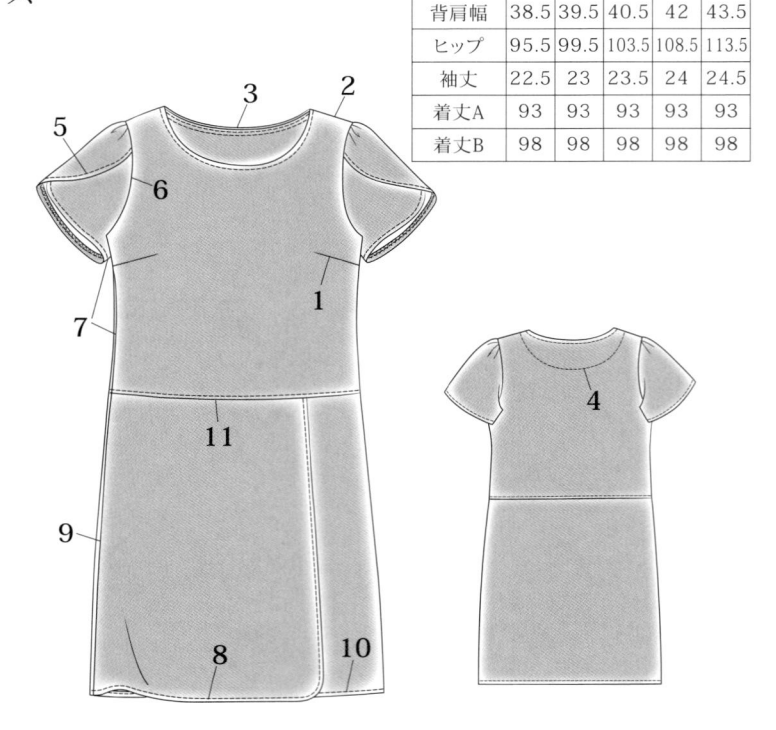

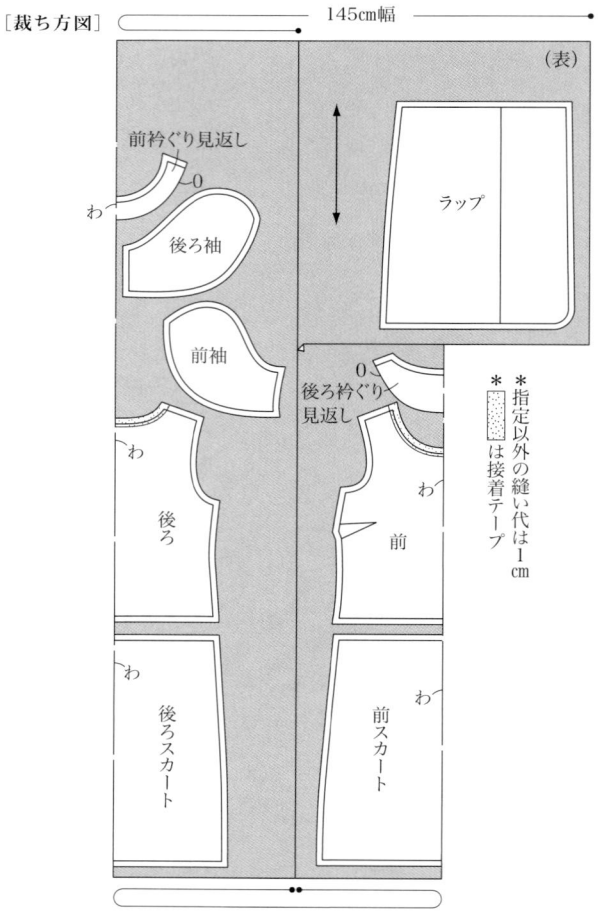

［裁ち方図］　145cm幅　（表）

前衿ぐり見返し
わ
後ろ袖
前袖
後ろ衿ぐり見返し
ラップ
わ　後ろ
わ　前
わ　後ろスカート
わ　前スカート

＊＊指定以外の縫い代は1cm
　　は接着テープ

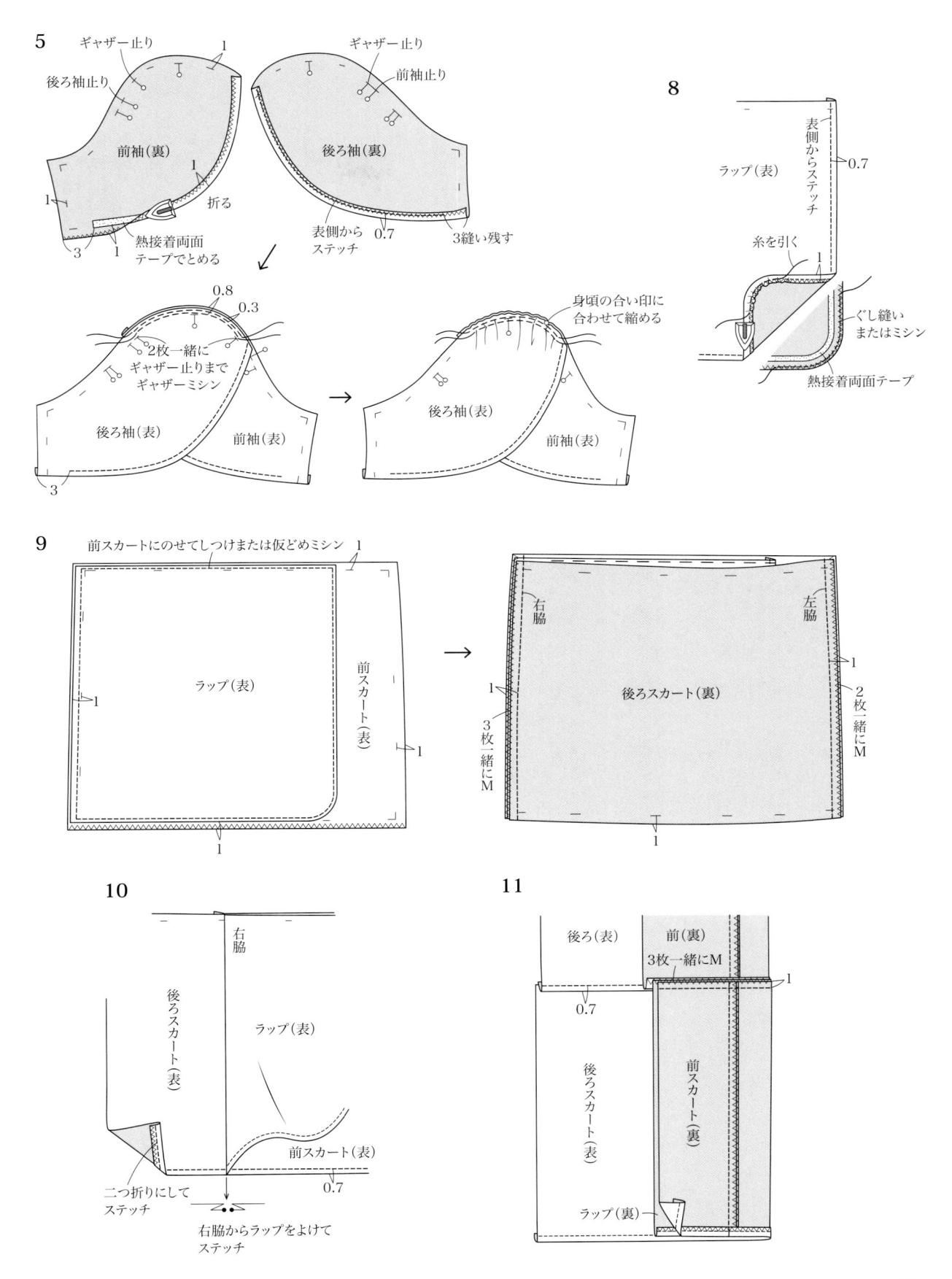

5

ギャザー止り

ギャザー止り

1

後ろ袖止り

前袖止り

前袖(裏)

後ろ袖(裏)

1

1

折る

1

表側から
ステッチ

0.7

3

1

熱接着両面
テープでとめる

表側から
ステッチ

3縫い残す

0.8

0.3

2枚一緒に
ギャザー止りまで
ギャザーミシン

身頃の合い印に
合わせて縮める

後ろ袖(表)

前袖(表)

後ろ袖(表)

前袖(表)

3

8

ラップ(表)

糸を引く

1

ぐし縫い
またはミシン

熱接着両面テープ

9 前スカートにのせてしつけまたは仮どめミシン 1

ラップ(表)

前スカート(表)

1

1

1

1

右脇

左脇

後ろスカート(裏)

1

1

3枚一緒にM

2枚一緒にM

1

10

右脇

後ろスカート(表)

ラップ(表)

前スカート(表)

0.7

二つ折りにして
ステッチ

右脇からラップをよけて
ステッチ

11

後ろ(表)

前(裏)

3枚一緒にM

0.7

1

後ろスカート(表)

前スカート(裏)

ラップ(裏)

C-4 p.22
ノースリーブのボーダーワンピース

	S	M	L	2L	3L
バスト	87	91	95	100	105
背肩幅	38.5	39.5	40.5	42	43.5
ヒップ	95.5	99.5	103.5	108.5	113.5
着丈A	93	93	93	93	93
着丈B	98	98	98	98	98

実物大パターンC面

材料(S〜3L)
表布　ボーダー(身頃)＝146cm幅
A丈90cm、B丈1m
別布　グレー(裾切替え布、見返し)＝130cm幅
60cm
接着テープ(衿ぐり、袖ぐり)＝12mm幅2m

作り方
準備
身頃の衿ぐり、袖ぐりに接着テープをはる。
1　前身頃のダーツを縫う(縫い代は上側に倒
す)。(p.50参照)
2　身頃の肩を縫う(縫い代は割る)。
3　見返しの肩を縫う(縫い代は割る)。
身頃と見返しを合わせて衿ぐりを縫い返す。
縫い代を見返し側に倒し、見返しと縫い代を縫い
とめる。
4　袖ぐりを縫い返す。
肩縫い目に落しミシンをして身頃と見返しをとめる。
5　身頃と裾切替え布を縫い合わせる(縫い代は
切替え布側に倒す)。
6　身頃の脇と見返しの脇を続けて縫う(縫い代
は割る)。
見返しの端を二つ折りにして縫う。
脇縫い目に落しミシンをして身頃と見返しをと
める。
7　裾を二つ折りにしてまつる。
＊布地がほつれやすい場合は縫い代にロックミ
シンまたはジグザグミシンをかける。

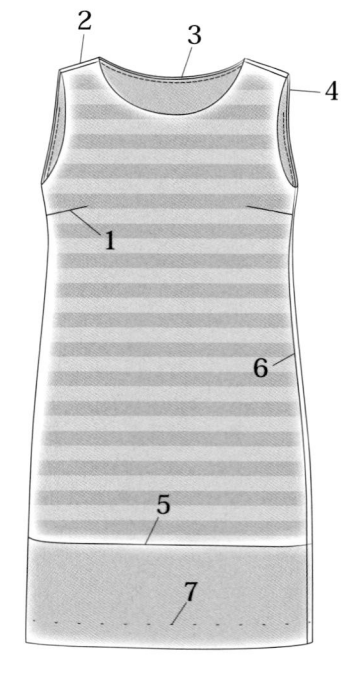

[裁ち方図]

別布
130cm幅

後ろ
見返し
0.7

前見返し　わ
0.7

後ろ裾
切替え布
4

前裾切替え布
4

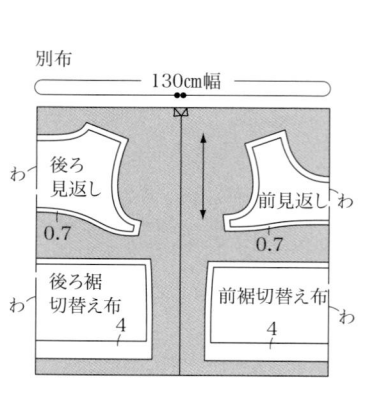

表布
146cm幅

後ろ　わ

前　わ

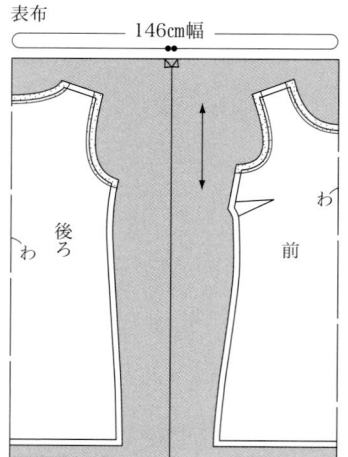

＊指定以外の縫い代は1cm
＊ ░░░ は接着テープ

3

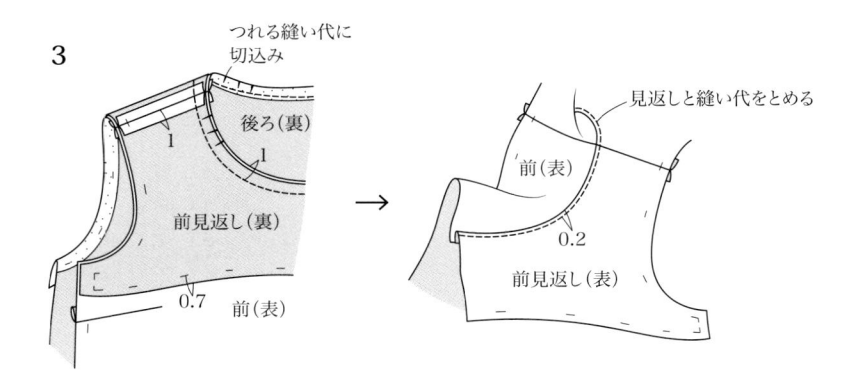

つれる縫い代に
切込み

後ろ(裏)

1

1

前見返し(裏)

0.7　前(表)

見返しと縫い代をとめる

前(表)

0.2

前見返し(表)

4

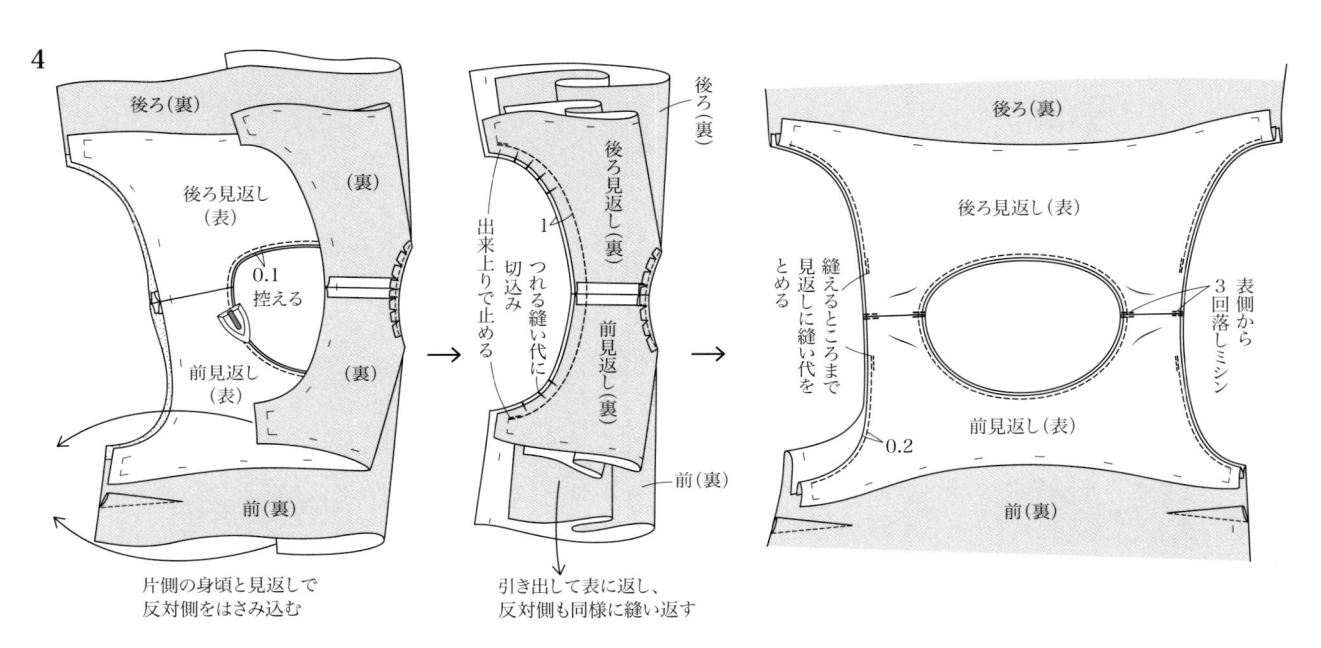

後ろ(裏)

後ろ見返し
(表)

(裏)

0.1
控える

前見返し
(表)

(裏)

前(裏)

片側の身頃と見返しで
反対側をはさみ込む

後ろ(裏)

後ろ見返し(裏)

1

つれる縫い代に
切込み

出来上りで止める

前見返し(裏)

前(裏)

引き出して表に返し、
反対側も同様に縫い返す

後ろ(裏)

後ろ見返し(表)

縫えるところまで
見返しに縫い代を
とめる

表側から
3回落しミシン

前見返し(表)

0.2

前(裏)

5、6

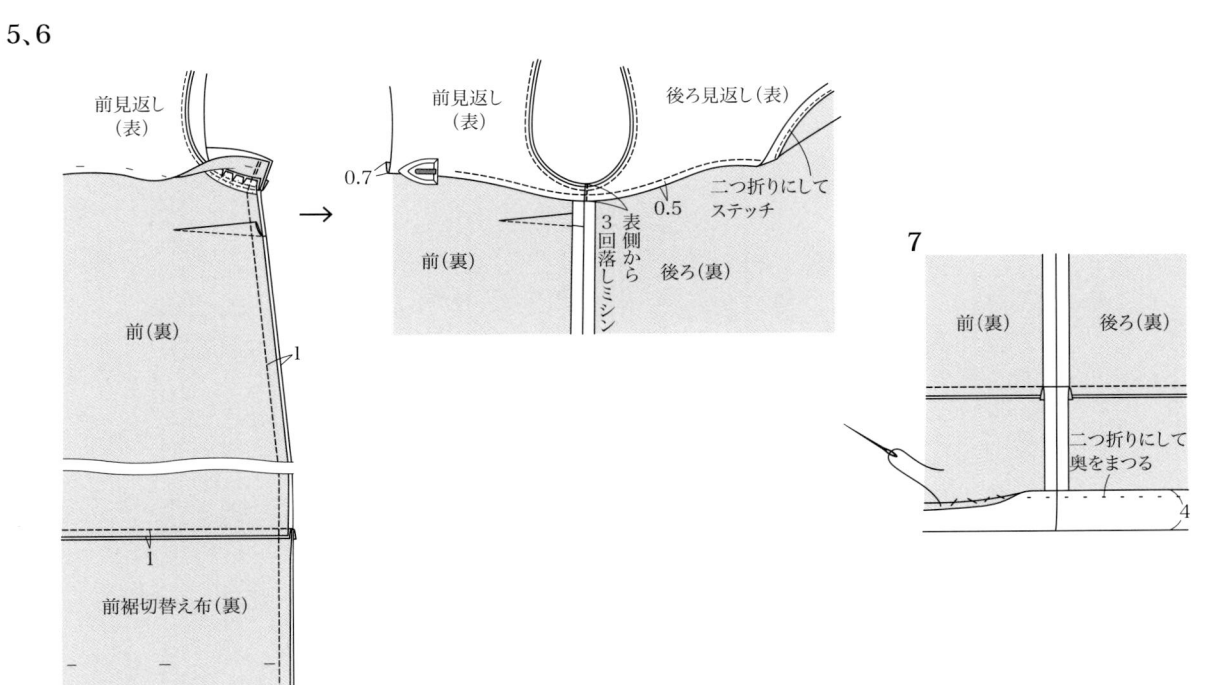

前見返し
(表)

前(裏)

前(裏)

1

1

前裾切替え布(裏)

前見返し
(表)

0.7

後ろ見返し(表)

二つ折りにして
ステッチ

0.5

表側から3回落しミシン

前(裏)

後ろ(裏)

7

前(裏)　後ろ(裏)

二つ折りにして
奥をまつる

4

C-5 p.23
ラップスカートのブラックドレス

実物大パターンC,D面

材料(S〜3L)
表布　黒＝124cm幅A丈、B丈2.3m
接着テープ（衿ぐり）＝12mm幅80cm

作り方
準備
身頃の衿ぐりに接着テープをはる。
身頃の肩、スカートの裾、ラップの前端から裾、袖の切替え線から袖口、衿ぐり見返しの端にM。
1　前身頃のダーツを縫う（縫い代は上側に倒す）。（p.50参照）
2　身頃の肩を縫う（縫い代は割る）。
3　身頃と見返しを合わせて衿ぐりを縫い返す。縫い代を見返し側に倒し、見返しと縫い代を縫いとめる。
肩縫い目に落しミシンをして身頃と見返しをとめる。
衿ぐりにステッチをかける。
4　袖の切替え線を縫う（縫い代は割る）。
切替え線のステッチから続けて袖口を途中まで縫う。
5　身頃に袖をつける（2枚一緒にM。縫い代は袖側に倒す）。（p.55参照）
6　袖下と脇を続けて縫う（2枚一緒にM。縫い代は後ろ側に倒す）。
袖口の残りを縫う。
7　ラップの前端から裾を二つ折りにして縫う。（p.79参照）
8　右脇にラップをはさんでスカートの脇を縫う（3枚一緒にM。縫い代は後ろ側に倒す）。（p.79参照）
9　裾を二つ折りにして縫う。（p.79参照）
10　身頃とスカートを縫い合わせる（3枚一緒にM。縫い代は身頃側に倒す）。（p.79参照）
＊Mは「縫い代にロックミシンまたはジグザグミシンをかける」の略。

出来上り寸法表
単位cm

	S	M	L	2L	3L
バスト	87	91	95	100	105
背肩幅	38.5	39.5	40.5	42	43.5
ヒップ	95.5	99.5	103.5	108.5	113.5
袖丈	44	44	44	44	44
着丈A	93	93	93	93	93
着丈B	98	98	98	98	98

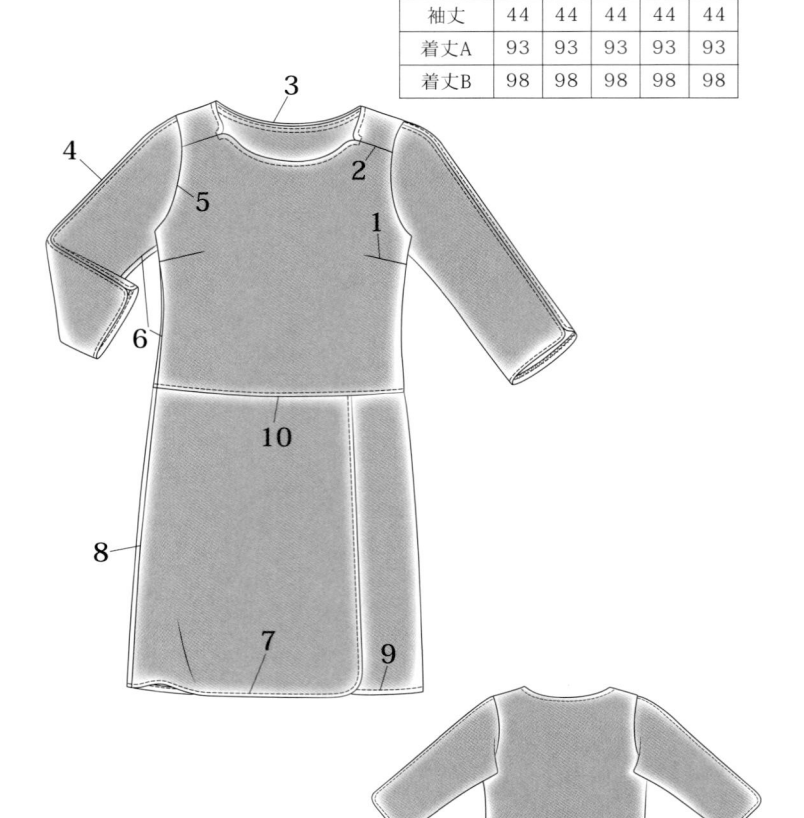

［裁ち方図］

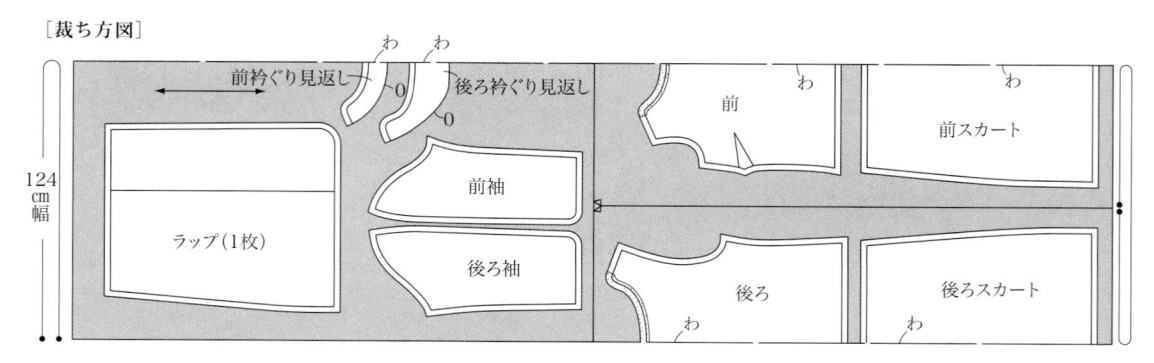

＊指定以外の縫い代は1cm
＊░░░は接着テープ

124cm幅

前衿ぐり見返し　わ　わ　後ろ衿ぐり見返し
ラップ（1枚）　前袖　後ろ袖
前　前スカート
後ろ　後ろスカート

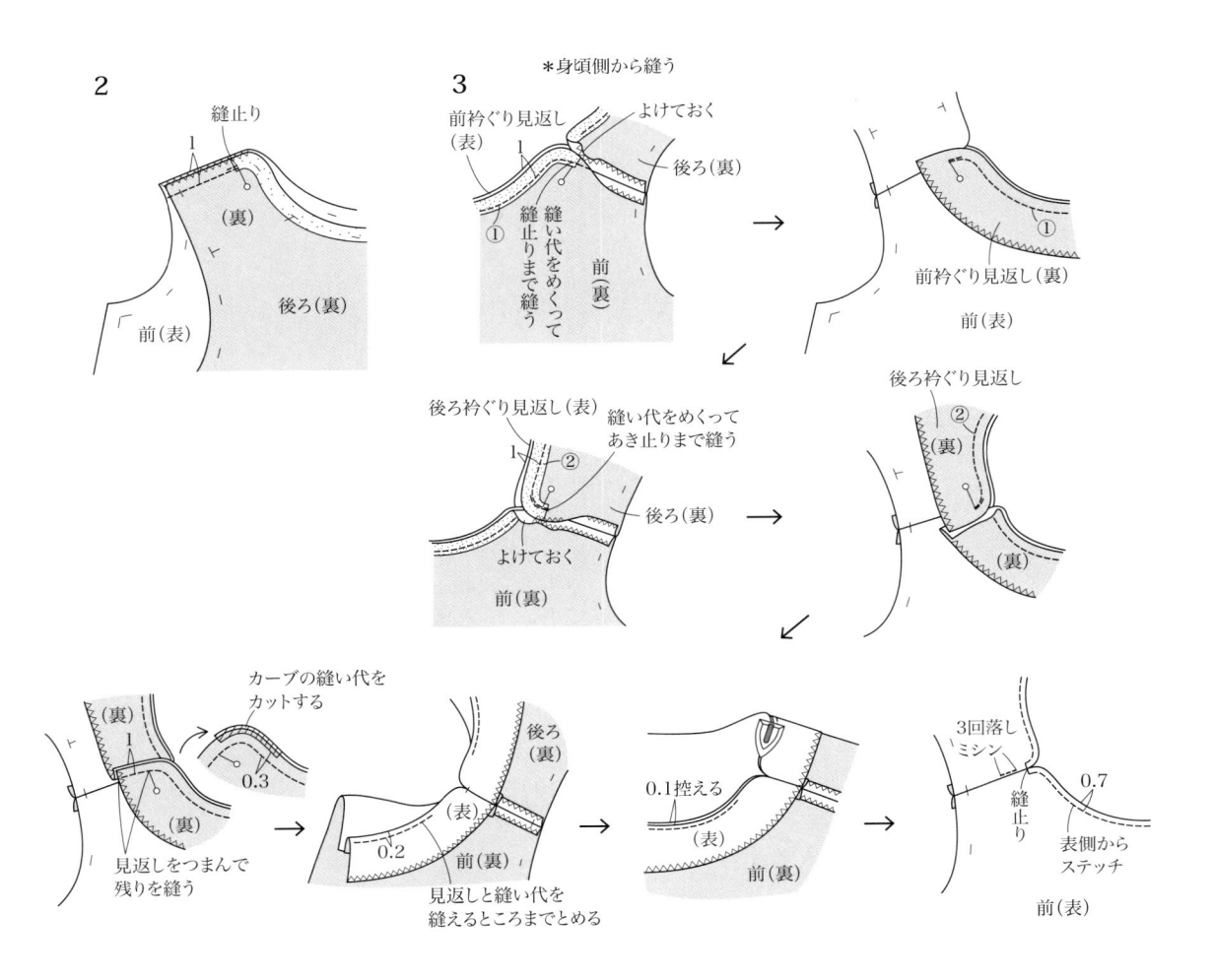

2

縫止り

1

(裏)

前(表)

後ろ(裏)

3 ＊身頃側から縫う

前衿ぐり見返し(表)
よけておく
1
縫い代をめくって縫止りまで縫う
①
後ろ(裏)
前(裏)

→

前衿ぐり見返し(裏)
①
前(表)

後ろ衿ぐり見返し(表)
縫い代をめくってあき止りまで縫う
1
②
後ろ(裏)
よけておく
前(裏)

→

後ろ衿ぐり見返し
②
(裏)
(裏)

(裏)
1
カーブの縫い代をカットする
0.3
(裏)
見返しをつまんで残りを縫う

→

後ろ(裏)
(表)
0.2
前(裏)
見返しと縫い代を縫えるところまでとめる

→

0.1控える
(表)
(表)
前(裏)

→

3回落しミシン
縫止り
0.7
表側からステッチ
前(表)

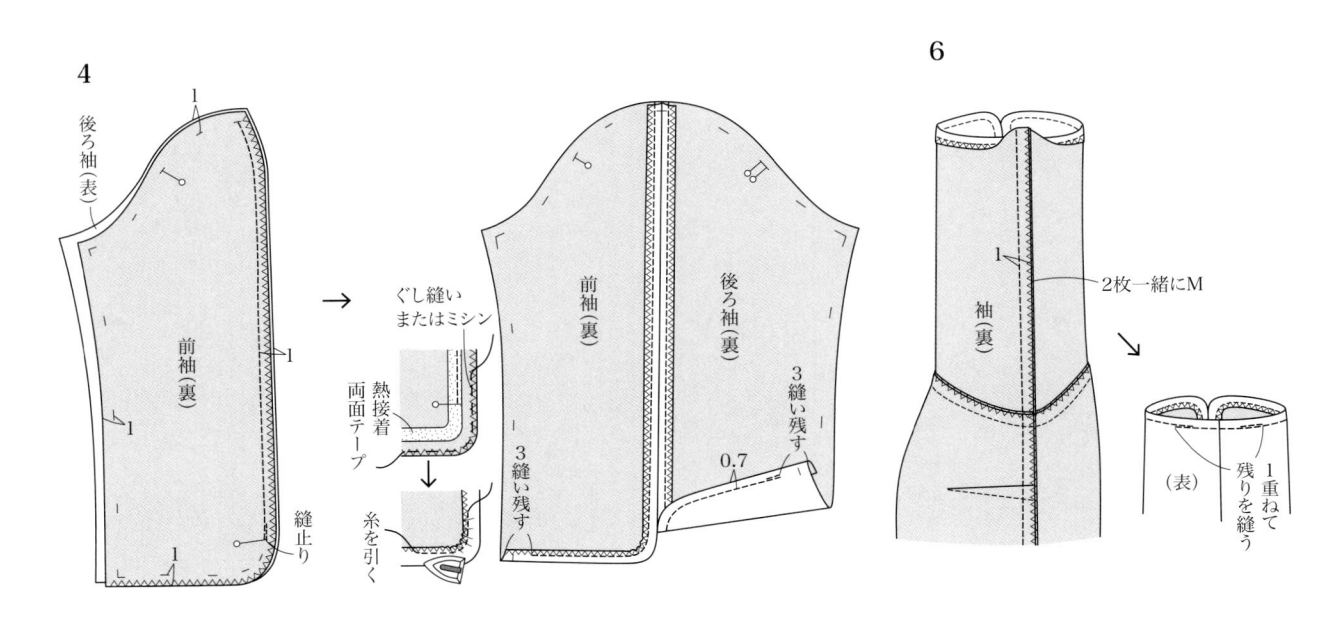

4

後ろ袖(表)
1

前袖(裏)
1
1
縫止り
1

→

ぐし縫いまたはミシン
熱接着両面テープ
糸を引く

前袖(裏)
3縫い残す

後ろ袖(裏)
3縫い残す
0.7

6

1
袖(裏)
2枚一緒にM

↓

(表)
1重ねて残りを縫う

D-1 p.24

ウエスト斜めダーツの半袖ワンピース

実物大パターンD面

材料（S〜3L）
表布　グリーン＝130cm幅A丈1.7m、B丈1.8m
接着芯（ポケット口）＝20×15cm
接着テープ（衿ぐり、前あき）＝12mm幅1m

作り方
準備
身頃の衿ぐり、前あきに接着テープをはる。
ポケット口に接着芯をはる。
身頃の肩、前中心、裾、袖口、ポケットの周囲にM。
1　前ダーツを縫う（縫い代は中心側に倒す）。
2　前中心を縫う（縫い代は割る）。
3　身頃の肩を縫う（縫い代は割る）。
4　衿ぐり見返しの肩を縫い（縫い代は割る）、見返しの端にM。
身頃と見返しを合わせて衿ぐりを縫い返す。
縫い代を見返し側に倒し、見返しと縫い代を縫いとめる。
肩縫い目に落しミシンをして身頃と見返しをとめる。
衿ぐりと前中心にステッチをかける。（p.52参照）
5　後ろ衿ぐり見返しの端をステッチでとめる。
6　前切替え線を縫う（2枚一緒にM。縫い代は前側に倒す）。
7　ポケットを作り、つける。
8　後ろ切替え線を縫う（2枚一緒にM。縫い代は後ろ側に倒す）。
9　裾を二つ折りにして縫う。
10　袖山ダーツを縫う（後ろ側に倒す）。
11　袖下を縫う（2枚一緒にM。縫い代は後ろ側に倒す）。
12　袖口を二つ折りにして縫う。
13　身頃に袖をつける（2枚一緒にM。縫い代は袖側に倒す）。
＊Mは「縫い代にロックミシンまたはジグザグミシンをかける」の略。

出来上り寸法表　　　　単位cm

	S	M	L	2L	3L
バスト	89	93	97	102.5	108.5
背肩幅	39	40	41	42.5	44.5
ヒップ	97	101	105	110.5	116.5
袖丈	21	21	21	21	21
着丈A	92	92	92	92	92
着丈B	97	97	97	97	97

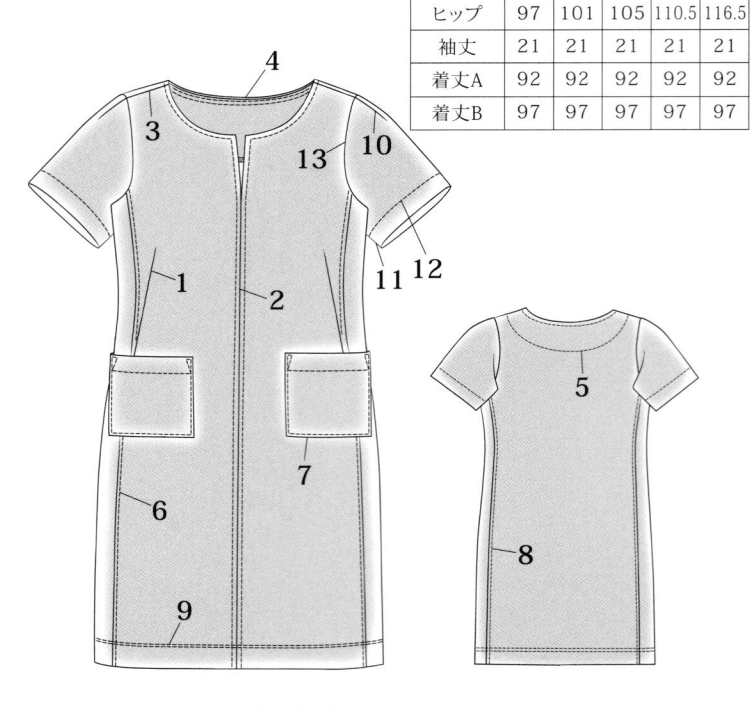

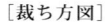

［裁ち方図］

130cm幅

ポケット　3　6
後ろ衿ぐり見返し　前衿ぐり見返し
わ　0　0
袖　3
わ　後ろ　前
前　後ろ　脇　4
前　後ろ　脇
4　4　4

＊指定以外の縫い代は1cm
＊░░ は接着芯、接着テープ

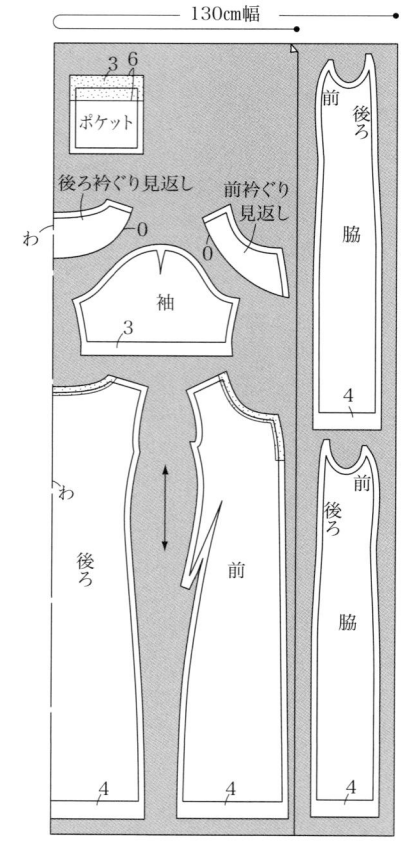

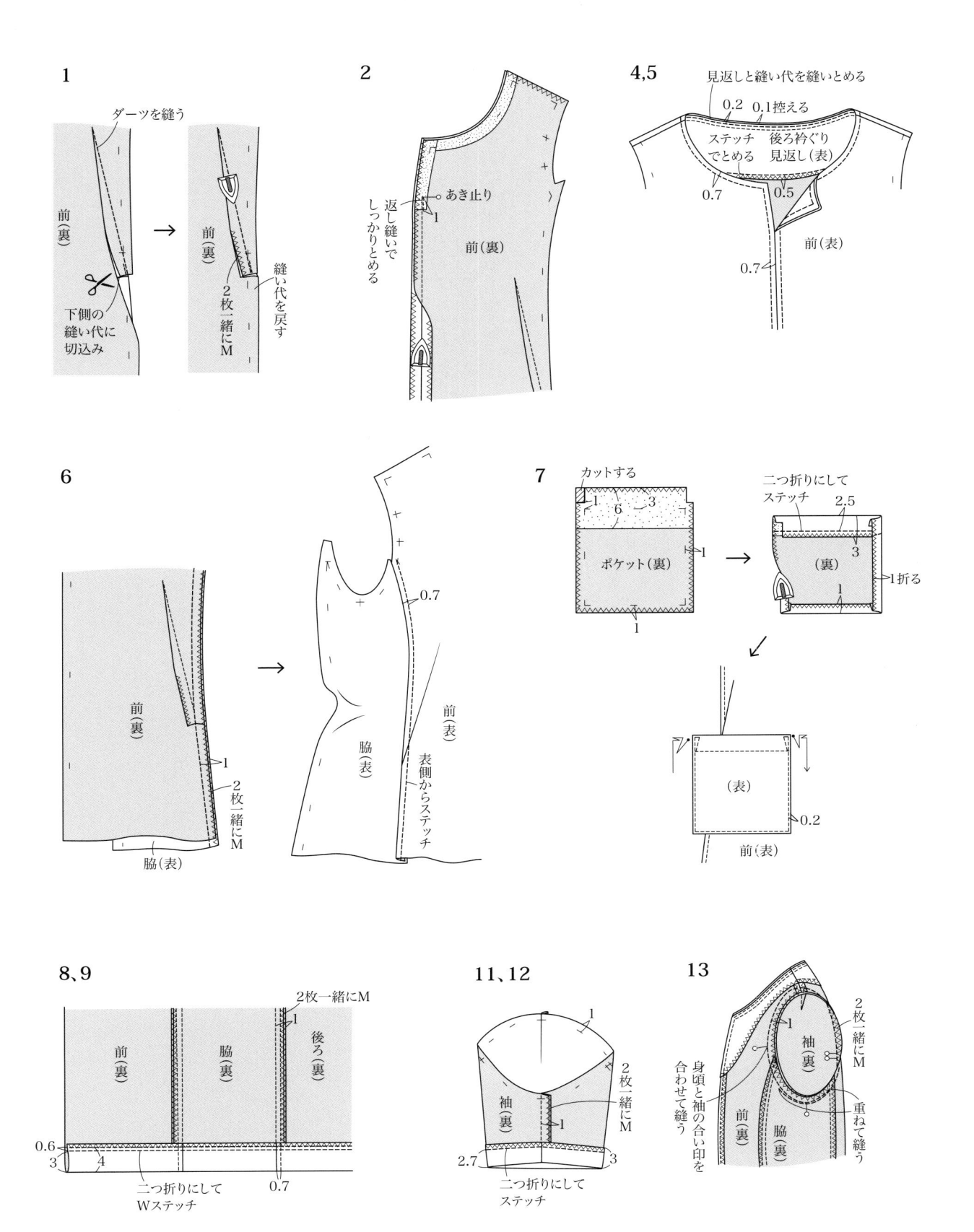

1

ダーツを縫う
前（裏）
下側の縫い代に切込み
→
前（裏）
縫い代を戻す
2枚一緒にM

2

前（裏）
返し縫いでしっかりとめる
あき止り
1

4,5

見返しと縫い代を縫いとめる
0.2　0.1控える
ステッチでとめる
後ろ衿ぐり
見返し（表）
0.7
0.5
前（表）
0.7

6

前（裏）
1
2枚一緒にM
脇（表）
→
脇（表）
0.7
前（表）
表側からステッチ

7

カットする
1　6　3
ポケット（裏）
1
1
→
二つ折りにしてステッチ
2.5
3
（裏）
1折る
1
↓
（表）
0.2
前（表）

8、9

前（裏）
脇（裏）
2枚一緒にM
1
後ろ（裏）
0.6
3　4
二つ折りにしてWステッチ
0.7

11、12

1
袖（裏）
2枚一緒にM
1
2.7
3
二つ折りにしてステッチ

13

1
袖（裏）
2枚一緒にM
前（裏）
脇（裏）
身頃と袖の合い印を合わせて縫う
重ねて縫う

D-2 p.26

ウエスト斜めダーツのノースリーブワンピース

実物大パターンD面

出来上り寸法表　単位cm

	S	M	L	2L	3L
バスト	89	93	97	102.5	108.5
背肩幅	39	40	41	42.5	44.5
ヒップ	97	101	105	110.5	116.5
着丈A	92	92	92	92	92
着丈B	97	97	97	97	97

材料(S〜3L)

表布　白=130cm幅A丈1.8m、B丈1.9m
接着芯(ポケット口)=20×15cm
バイアステープ(袖ぐり)=13mm幅1.2m
接着テープ(衿ぐり、前あき、袖ぐり)=12mm幅
2.2m

作り方

準備
身頃の衿ぐり、前あき、袖ぐりに接着テープをはる。
ポケット口に接着芯をはる。
身頃の肩、前中心、裾にM。

1　前身頃のダーツを縫う(縫い代は中心側に倒す)。(p.85参照)
2　前中心を縫う(縫い代は割る)。(p.85参照)
3　身頃の肩を縫う(縫い代は割る)。
4　衿ぐり見返しの肩を縫い(縫い代は割る)、見返しの端にM。
身頃と見返しを合わせて衿ぐりを縫い返す。
縫い代を見返し側に倒し、見返しと縫い代を縫いとめる。
肩縫い目に落しミシンをして身頃と見返しをとめる。
衿ぐりと前中心にステッチをかける。(p.52、85参照)
5　後ろ衿ぐり見返しの端をステッチでとめる。(p.85参照)
6　前切替え線を縫う(2枚一緒にM。縫い代は前側に倒す)。(p.85参照)
7　ポケットを作り、つける。(p.85参照)
8　後ろ切替え線を縫う(2枚一緒にM。縫い代は後ろ側に倒す)。(p.85参照)
9　裾を二つ折りにして縫う。(p.85参照)
10　袖ぐりをバイアステープで始末する(p.88参照)
*Mは「縫い代にロックミシンまたはジグザグミシンをかける」の略。

p.31右の材料(S〜3L)

表布　柄(前身頃)=125cm幅A丈、B丈1.1m
別布　黒(後ろ身頃、脇身頃、前後見返し)
=135cm幅A丈、B丈1.1m
バイアステープ(袖ぐり)=13mm幅1.2m
接着テープ(衿ぐり、袖ぐり)=12mm幅2.2m

作り方

D-2と同じ。ポケットはつけない。

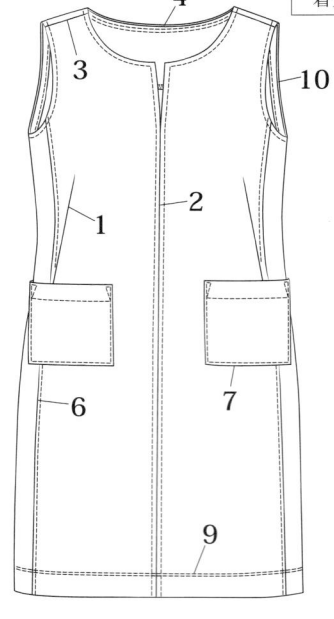

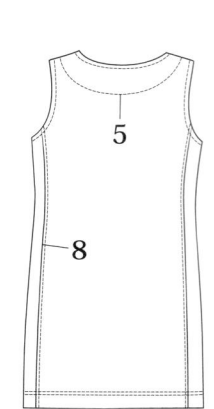

[裁ち方図]

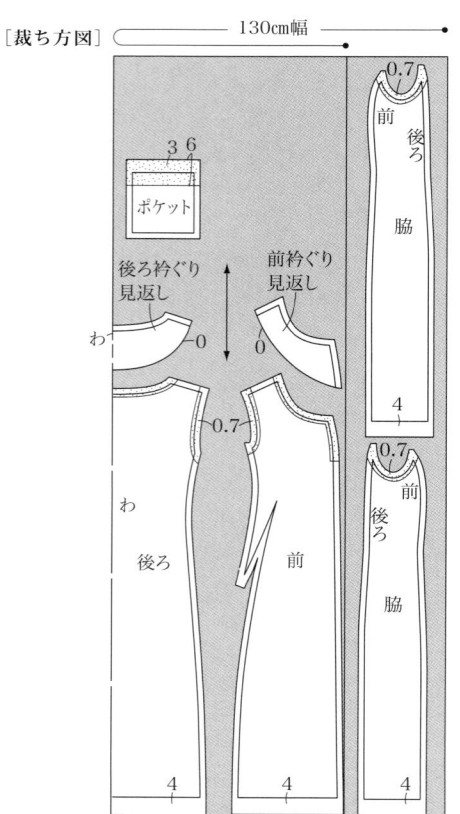

130cm幅

*指定以外の縫い代は1cm
* ▨▨▨ は接着芯、接着テープ

D-3 p.27
ウエスト斜めダーツのジレ

実物大パターンD面

材料
表布　ベージュ＝135cm幅A丈、B丈1.2m（S～L）、1.9m（2L、3L）
接着芯（ポケット口）＝20×15cm（S～3L）
バイアステープ（衿ぐり、前端、袖ぐり）＝13mm幅3.8m（S～3L）
接着テープ（衿ぐり、前端、袖ぐり）＝12mm幅3.8m（S～3L）

作り方
準備
身頃の衿ぐり、前端、袖ぐりに接着テープをはる。
ポケット口に接着芯をはる。
1　前身頃のダーツを縫う（縫い代は中心側に倒す）。（p.85参照）
2　肩を縫う（2枚一緒にM。縫い代は後ろ側に倒す）。
3　前切替え線を縫う（2枚一緒にM。縫い代は前側に倒す）。
4　後ろ切替え線を縫う（2枚一緒にM。縫い代は後ろ側に倒す）。
5　裾を二つ折りにして縫う。
6　衿ぐり、前端をバイアステープで始末する。
7　袖ぐりをバイアステープで始末する。
8　ポケットを作り、つける。（p.85参照）
＊Mは「縫い代にロックミシンまたはジグザグミシンをかける」の略。

出来上り寸法表					単位cm
	S	M	L	2L	3L
バスト	89	93	97	102.5	108.5
背肩幅	39	40	41	42.5	44.5
ヒップ	97	101	105	110.5	116.5
着丈A	92	92	92	92	92
着丈B	97	97	97	97	97

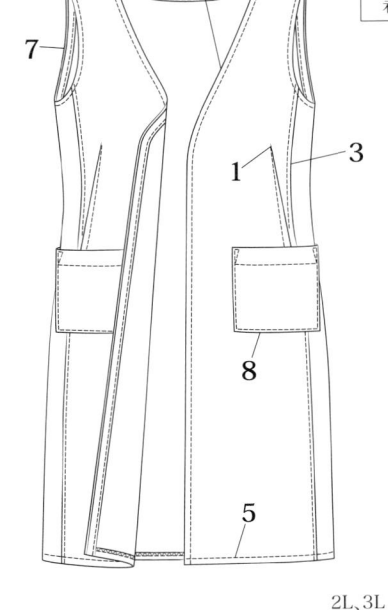
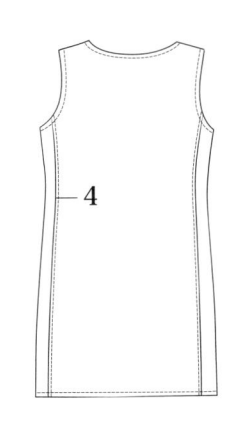

[裁ち方図]

S～L
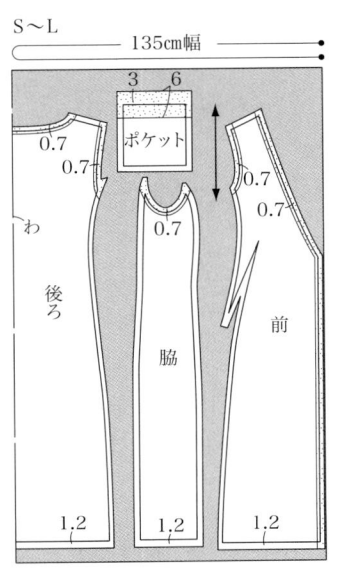

2L、3L
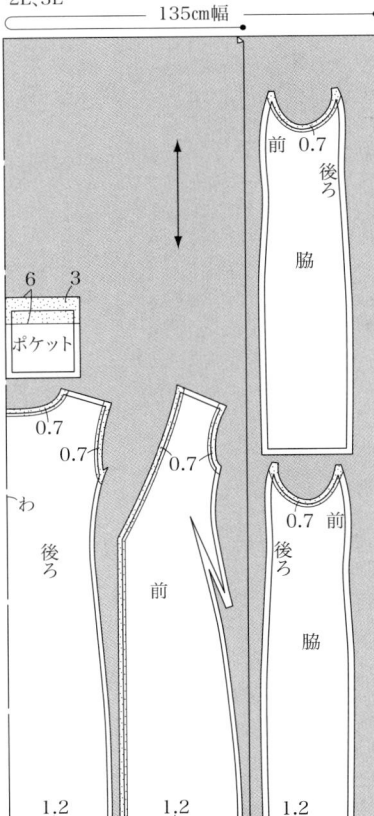

＊指定以外の縫い代は1cm
＊□□□□は接着芯、接着テープ

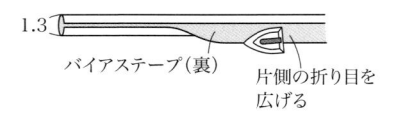

1.3
バイアステープ（裏）
片側の折り目を
広げる

1

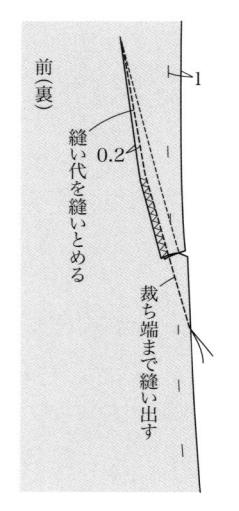

前（裏）
1
0.2
縫い代を縫いとめる
裁ち端まで縫い出す

3〜6

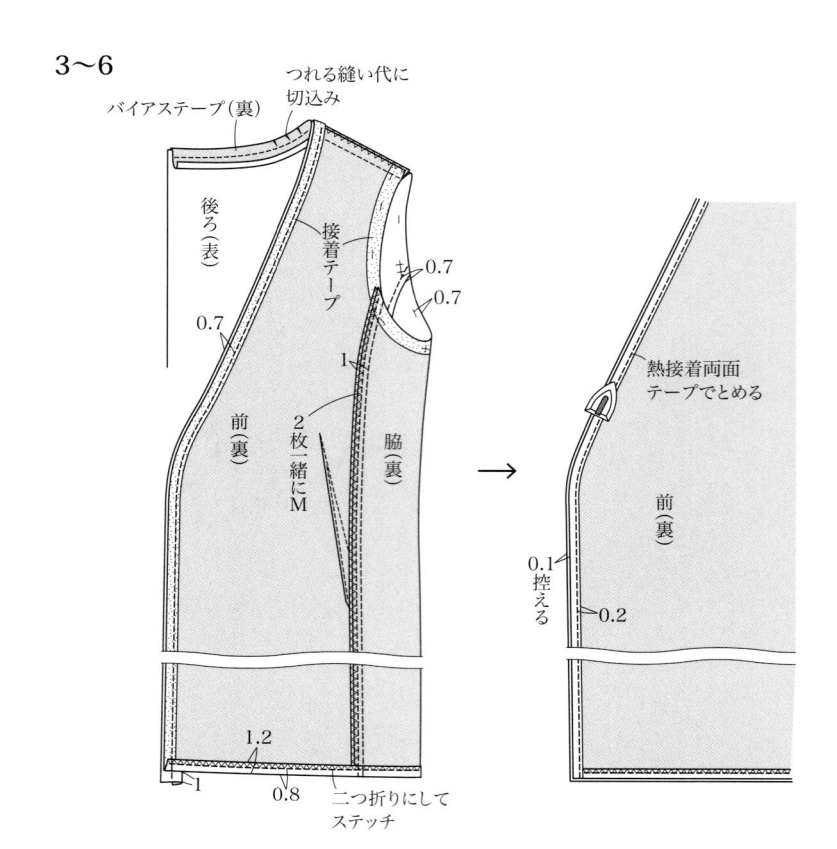

バイアステープ（裏）
つれる縫い代に切込み
後ろ（表）
接着テープ
0.7
0.7
0.7
1
前（裏）
2枚一緒にM
脇（裏）
1.2
1
0.8
二つ折りにしてステッチ

→

熱接着両面テープでとめる
前（裏）
0.1控える
0.2

7

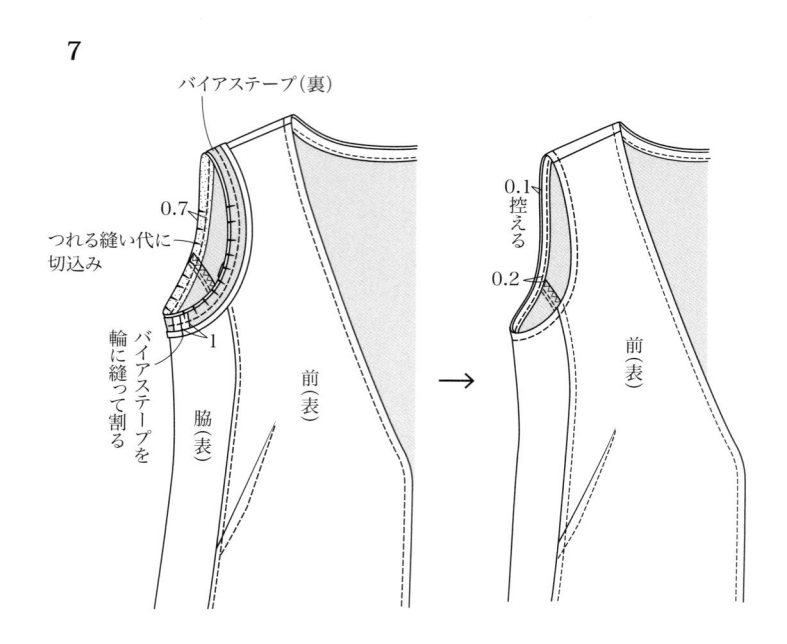

バイアステープ（裏）
0.7
つれる縫い代に切込み
バイアステープを輪に縫って割る
1
脇（表）
前（表）

→

0.1控える
0.2
前（表）

D-4 _{p.28}

ウエスト斜めダーツのステッチワンピース

実物大パターンD面

材料
表布　黒＝137cm幅
A丈1.7m、B丈1.8m（S〜L）、
A丈2m、B丈2.1m（2L、3L）
接着芯（ポケット口）＝20×15cm（S〜3L）
接着テープ（衿ぐり、前あき）＝
12mm幅1m（S〜3L）
ステッチ用糸＝30番

作り方
準備
身頃の衿ぐり、前あきに接着テープをはる。
ポケット口に接着芯をはる。
身頃の肩、前中心、裾、袖口、ポケットの周囲にM。
1　前ダーツを縫う（縫い代は中心側に倒す）。
（p.85参照）
2　前中心を縫う（縫い代は割る）。（p.85参照）
3　身頃の肩を縫う（縫い代は割る）。
4　衿ぐり見返しの肩を縫い（縫い代は割る）、見返しの端にM。
身頃と見返しを合わせて衿ぐりを縫い返す。
縫い代を見返し側に倒し、見返しと縫い代を縫いとめる。
肩縫い目に落しミシンをして身頃と見返しをとめる。
衿ぐりと前中心にステッチをかける。（p.52、85参照）
5　後ろ衿ぐり見返しの端をステッチでとめる。
（p.85参照）
6　前切替え線を縫う（2枚一緒にM。縫い代は前側に倒す）。（p.85参照）
7　ポケットを作り、つける。（p.85参照）
8　後ろ切替え線を縫う（2枚一緒にM。縫い代は後ろ側に倒す）。（p.85参照）
9　裾を二つ折りにして縫う。（p.85参照）
10　袖山ダーツを縫う（後ろ側に倒す）。
11　袖下を縫う（2枚一緒にM。縫い代は後ろ側に倒す）。（p.85参照）
12　袖口を二つ折りにして縫う。（p.85参照）
13　身頃に袖をつける（2枚一緒にM。縫い代は袖側に倒す）。（p.85参照）
＊Mは「縫い代にロックミシンまたはジグザグミシンをかける」の略。

出来上り寸法表
単位cm

	S	M	L	2L	3L
バスト	89	93	97	102.5	108.5
背肩幅	39	40	41	42.5	44.5
ヒップ	97	101	105	110.5	116.5
袖丈	44	44	44	44	44
着丈A	92	92	92	92	92
着丈B	97	97	97	97	97

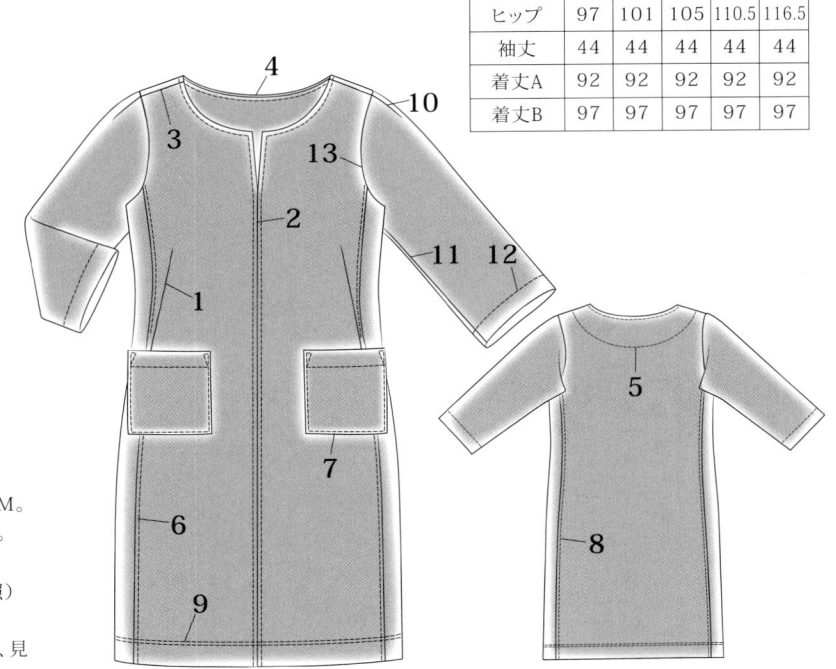

［裁ち方図］

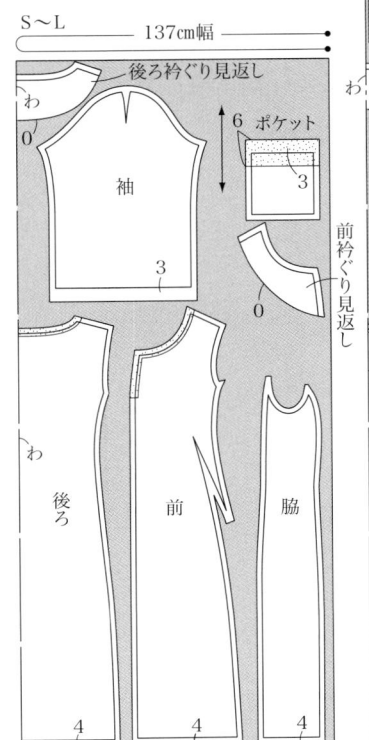

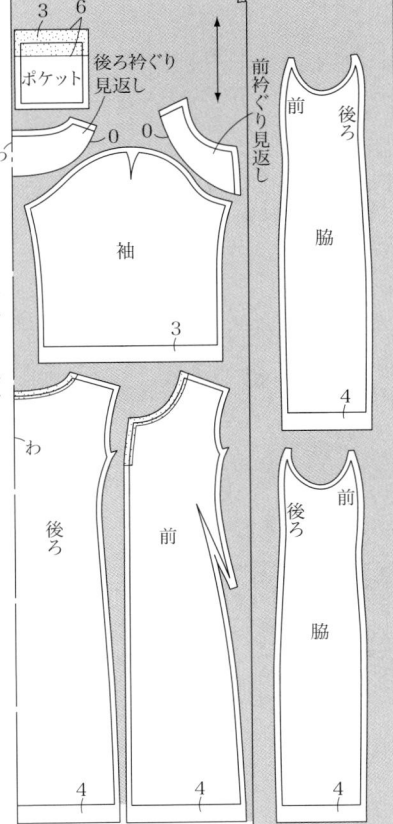

＊指定以外の縫い代は1cm
＊▨は接着芯、接着テープ

D-5 p.29
ボレロ風ジャケット

出来上り寸法表　　　　　　　　単位cm

	S	M	L	2L	3L
バスト	89	93	97	102.5	108.5
背肩幅	39	40	41	42.5	44.5
袖丈	57	58	59	59	59
着丈	51	51	51	51	51

実物大パターンD面

材料（S〜3L）
表布　白＝150cm幅1.3m
バイアステープ（後ろ衿ぐり、後ろ裾、脇裾）＝
13mm幅1.3m
接着テープ（衿ぐり、前端、前裾）＝12mm幅
2.3m

作り方
準備
身頃の衿ぐり、前端、前裾に接着テープをはる。
1　前身頃のダーツを縫う（縫い代は中心側に倒
す）。（p.85参照）
2　後ろ切替え線を縫う（2枚一緒にM。縫い代
は後ろ側に倒す）。
3　後ろ衿ぐりをバイアステープで始末する。
4　後ろ身頃と脇身頃の裾をバイアステープで
始末する。
5　前切替え線を縫う（縫い代は前側に倒す）。
6　見返しのダーツを縫う（縫い代は中心側に倒
す）。
見返しの端にM。
後ろ肩を前身頃と見返しではさみ、肩から前衿ぐ
り、前端、前裾まで続けて縫い返す。
7　前衿ぐりから前裾までステッチをかける。
8　見返しの端をステッチでとめる。
9　袖山ダーツを縫う（後ろ側に倒す）。
10　袖口ダーツを縫う（後ろ側に倒す。袖口にM）。
11　袖下を縫う（2枚一緒にM。縫い代は後ろ
側に倒す）。
12　袖口を二つ折りにして縫う。
13　身頃に袖をつける（2枚一緒にM。縫い代
は袖側に倒す）。（p.85参照）
＊Mは「縫い代にロックミシンまたはジグザグミシ
ンをかける」の略。

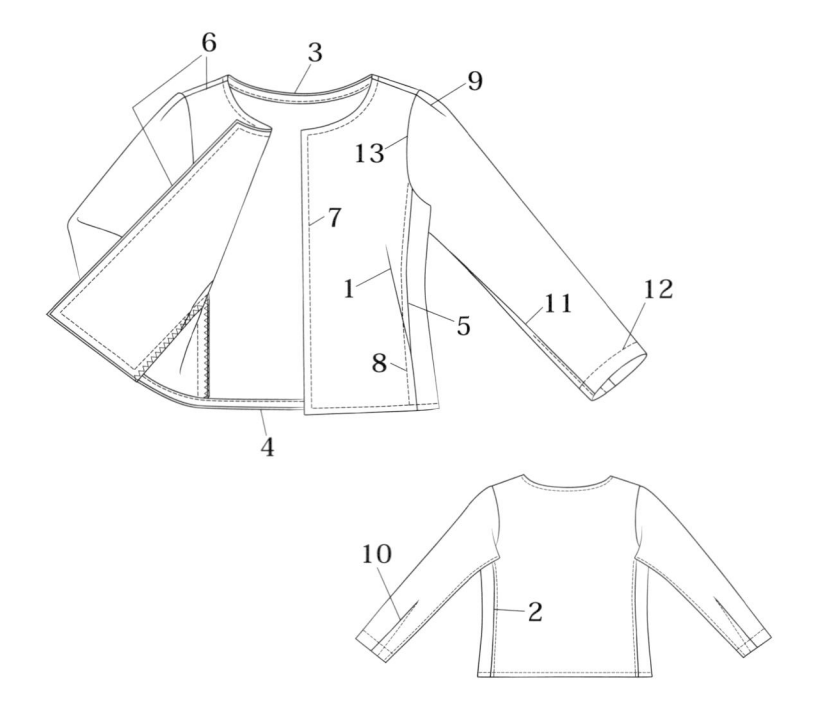

[裁ち方図]

150cm幅

袖
3
脇
0.7
後ろ
0.7
わ
前
1
見返し
1
0
0.7

＊見返しは前身頃と同じパターンを使用

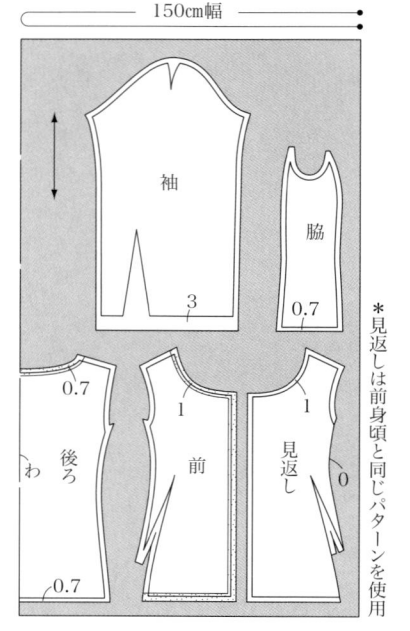

＊指定以外の縫い代は1cm
＊▨▨▨は接着テープ

2〜5

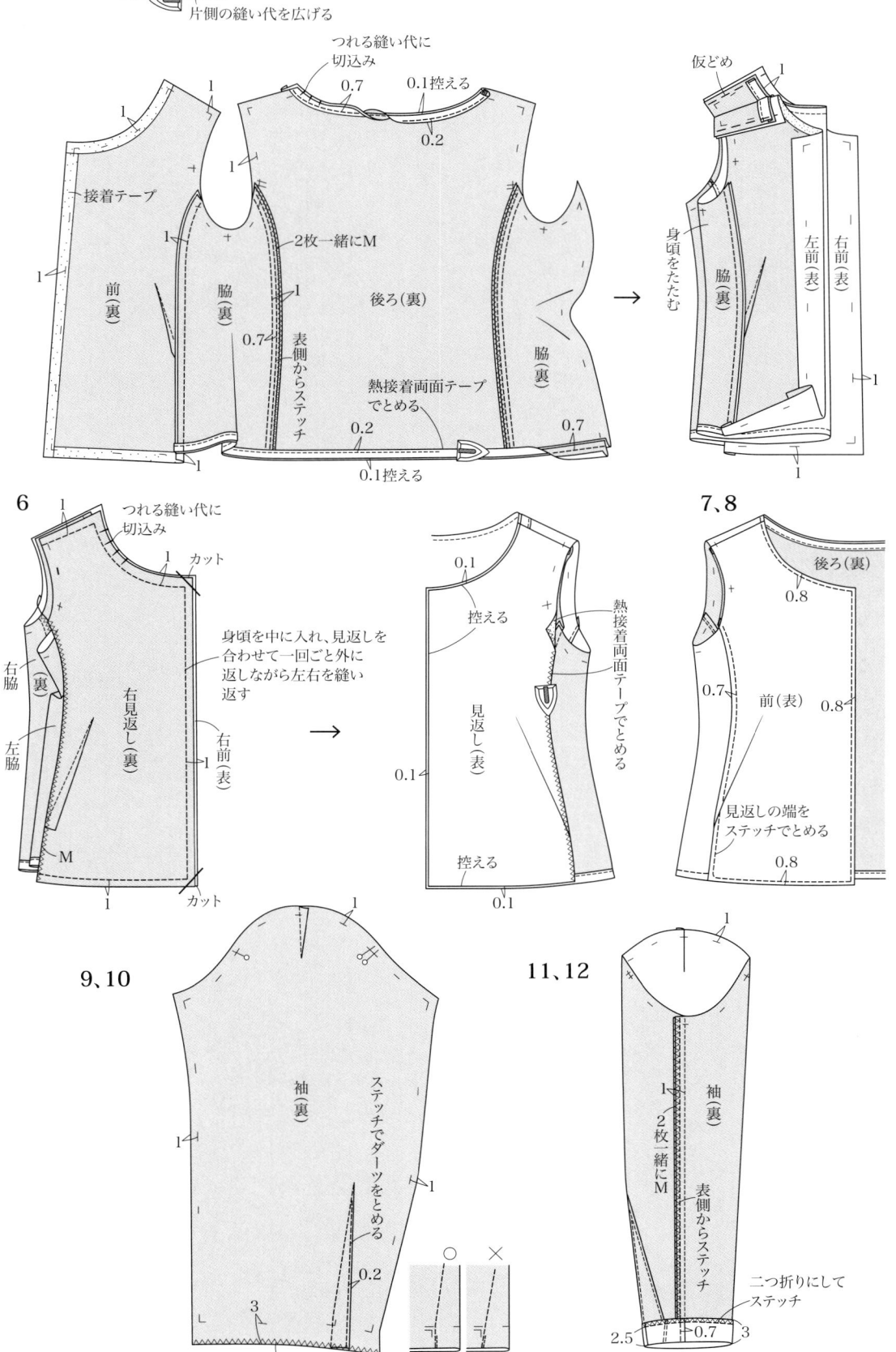

バイアステープ（裏）
1.3
片側の縫い代を広げる

つれる縫い代に切込み
0.7
0.1控える
0.2
仮どめ
1

接着テープ
前（裏）
1
2枚一緒にM
脇（裏）
後ろ（裏）
脇（裏）
身頃をたたむ
脇（裏）
左前（表）
右前（表）
1
0.7
表側からステッチ
熱接着両面テープでとめる
0.2
0.7
0.1控える
1

6

つれる縫い代に切込み
1
カット
右脇（裏）
左脇
右見返し（裏）
右前（表）
身頃を中に入れ、見返しを合わせて一回ごと外に返しながら左右を縫い返す
M
カット
1

0.1控える
見返し（表）
熱接着両面テープでとめる
0.1控える
0.1

7、8

後ろ（裏）
0.8
0.7
前（表）
0.8
見返しの端をステッチでとめる
0.8

9、10

袖（裏）
ステッチでダーツをとめる
0.2
1
3
M
○　×

11、12

1
2枚一緒にM
袖（裏）
表側からステッチ
二つ折りにしてステッチ
2.5　0.7　3

E p.7,10,12,16,37,38
ガウチョパンツ

実物大パターンB,D面

p.10,12,16の材料
表布　白＝145cm幅A丈1.7m、B丈1.8m（S～3L）
接着テープ（ポケット口、表前ベルト）＝12mm幅1m（S～3L）
ゴムテープ＝35mm幅S…25cm、M…28cm、L…31cm、2L…34cm、3L…38cm

作り方
準備
ポケット口、表前ベルトに接着テープをはる。パンツの裾にM。
1　タックを縫う。
2　ポケットを作る。
3　脇を縫う（2枚一緒にM。縫い代は後ろ側に倒す）。
4　股下を縫う（2枚一緒にM。縫い代は後ろ側に倒す）。
5　裾を二つ折りにして縫う。
6　股ぐりを縫う（2枚一緒にM。縫い代は右側に倒す）。
7　ベルトを作る。
8　パンツにベルトをつける。
9　後ろベルトにゴムテープを縫いつける。
＊Mは「縫い代にロックミシンまたはジグザグミシンをかける」の略。

p.37左、p.38左の材料
表布　ベージュ＝145cm幅A丈1.7m、B丈1.8m（S～3L）
ほかは同じ。

p.7,38右の材料
表布　紺＝150cm幅A丈1.7m、B丈1.8m（S～3L）
ほかは同じ。

作り方
作り方は同じ。

出来上り寸法表　　単位cm

	S	M	L	2L	3L
ウエスト	81	87	93	99	106
ヒップ	104	110	116	122	128
A丈	72.5	73	73.5	74	75
B丈	77.5	78	78.5	79	80

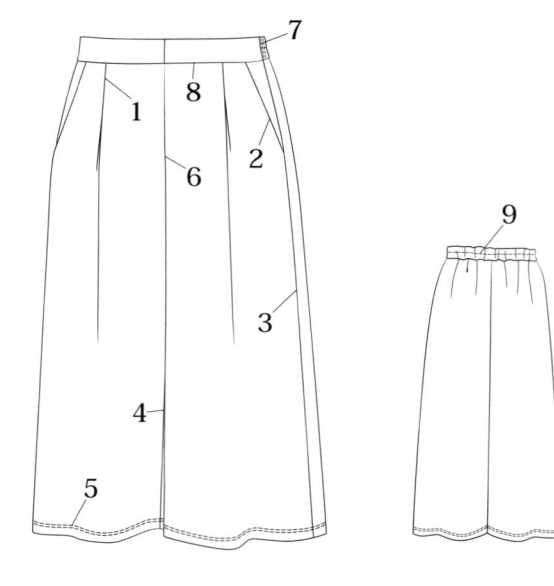

［裁ち方図］

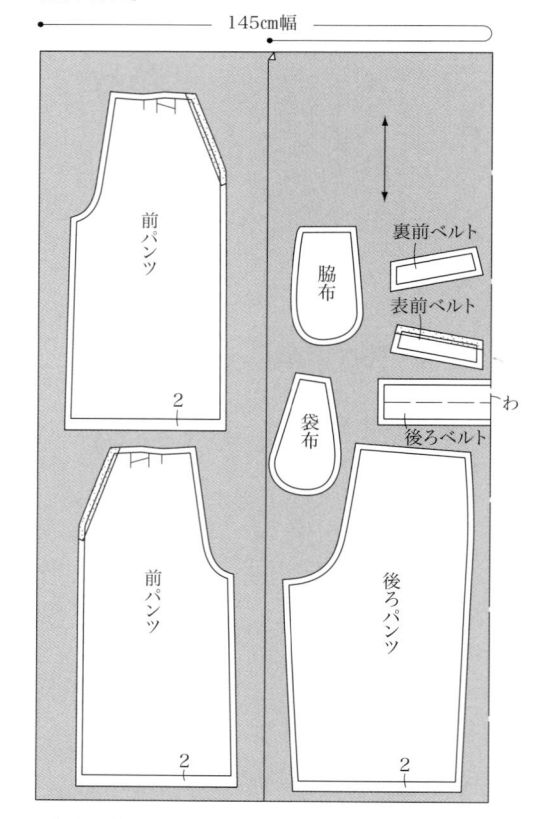

＊指定以外の縫い代は1cm
＊▨は接着テープ

1

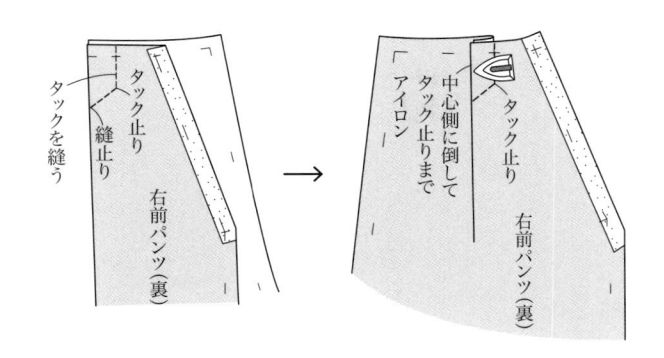

左図：タックを縫う／タック止り／縫止り／右前パンツ(裏)

右図：中心側に倒してタック止りまでアイロン／タック止り／右前パンツ(裏)

2 〈右ポケットの作り方〉

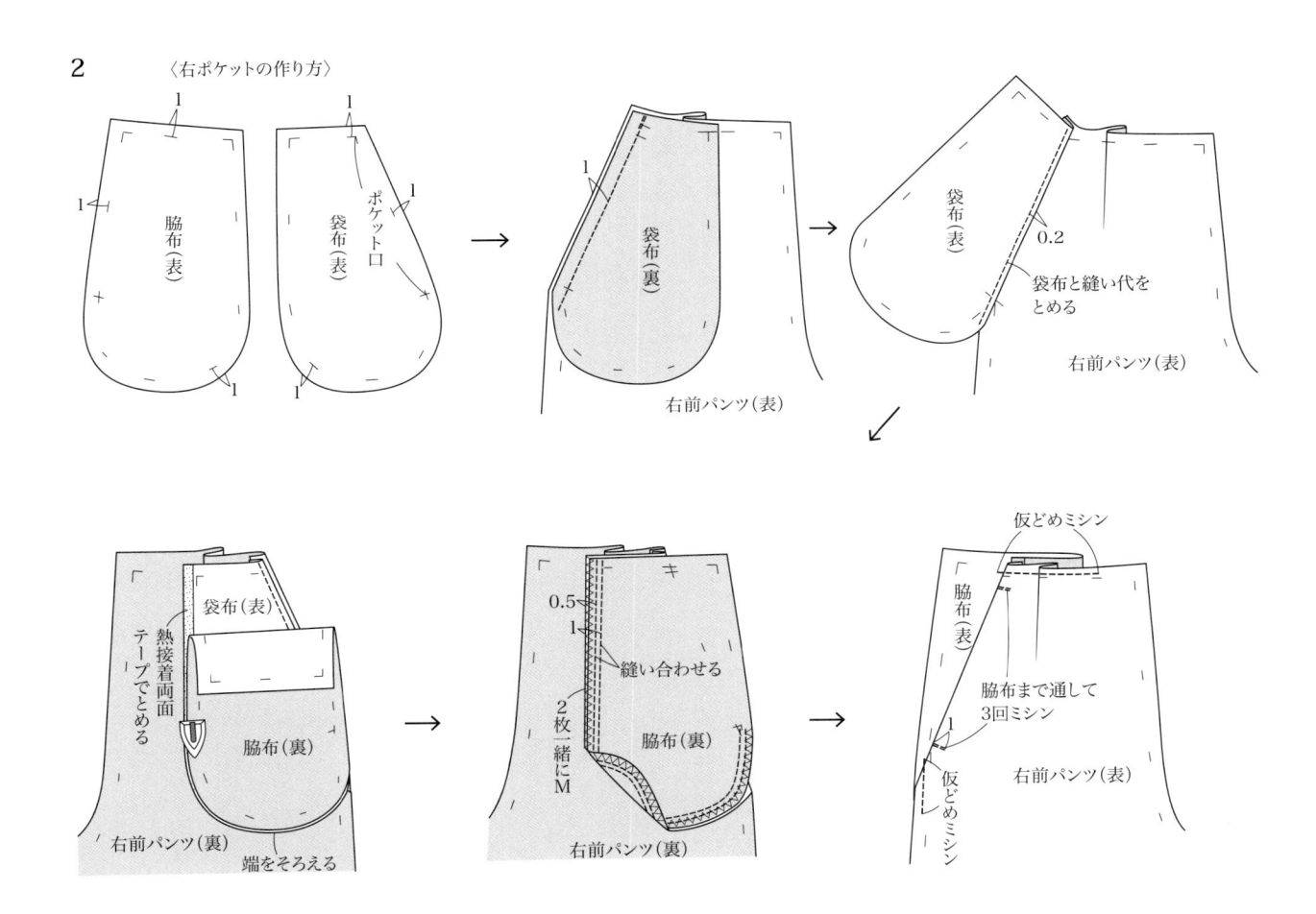

脇布(表) ／ 袋布(表) ／ ポケット口

袋布(裏) ／ 右前パンツ(表)

袋布(表) ／ 0.2 ／ 袋布と縫い代をとめる ／ 右前パンツ(表)

袋布(表) ／ 熱接着両面テープでとめる ／ 脇布(裏) ／ 右前パンツ(裏) ／ 端をそろえる

0.5 ／ 1 ／ 縫い合わせる ／ 2枚一緒にM ／ 脇布(裏) ／ 右前パンツ(裏)

仮どめミシン ／ 脇布(表) ／ 脇布まで通して3回ミシン ／ 仮どめミシン ／ 右前パンツ(表)

3、4、5

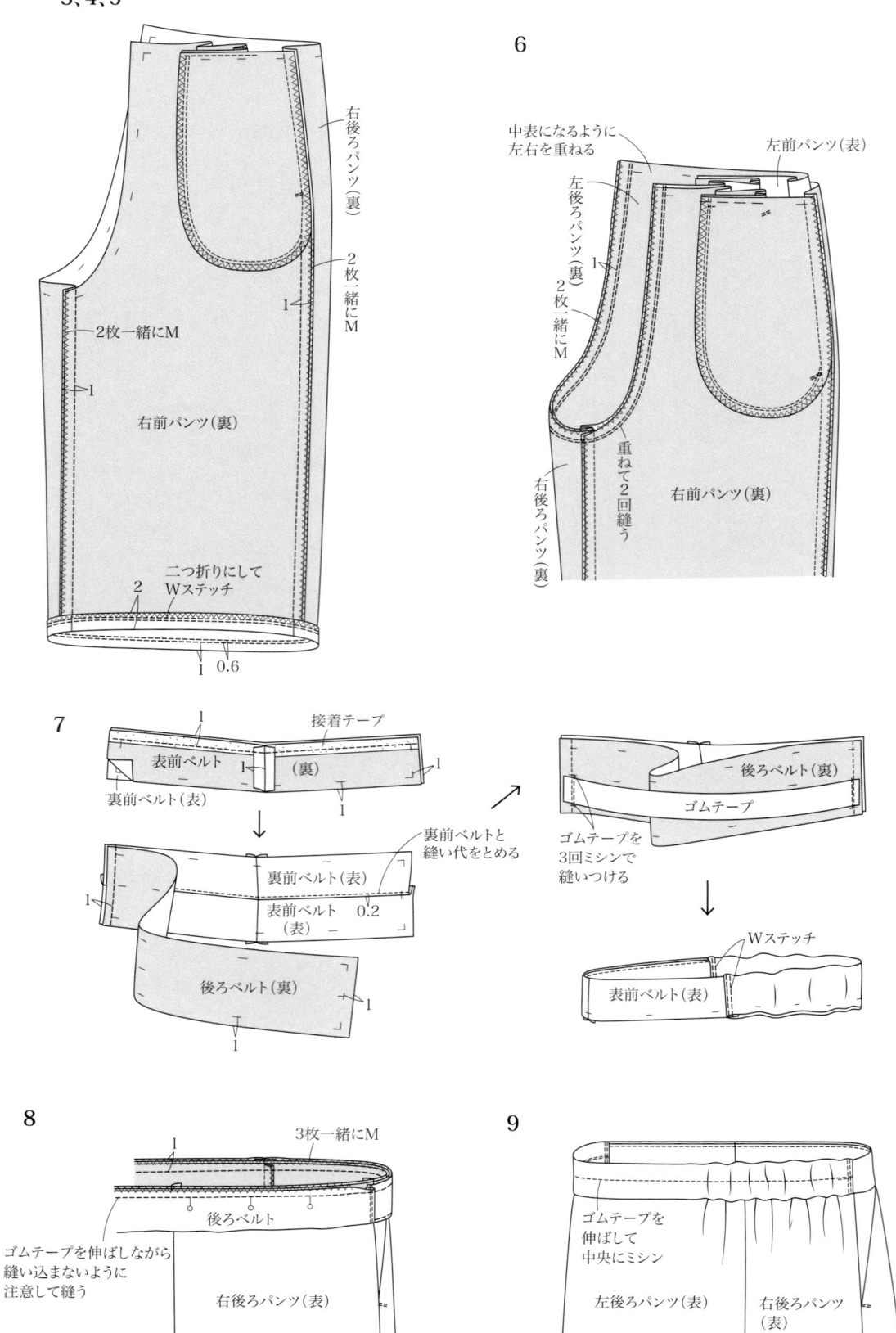

右後ろパンツ（裏）

2枚一緒にM

2枚一緒にM

1

右前パンツ（裏）

1

二つ折りにして
Wステッチ

2

1　0.6

6

中表になるように
左右を重ねる

左前パンツ（表）

左後ろパンツ（裏）

2枚一緒にM

重ねて2回縫う

右後ろパンツ（裏）

右前パンツ（裏）

7

1

接着テープ

表前ベルト（裏）

1

裏前ベルト（表）

1

裏前ベルトと
縫い代をとめる

裏前ベルト（表）

表前ベルト　0.2
（表）

1

後ろベルト（裏）

1

後ろベルト（裏）

ゴムテープ

ゴムテープを
3回ミシンで
縫いつける

Wステッチ

表前ベルト（表）

8

1

3枚一緒にM

後ろベルト

ゴムテープを伸ばしながら
縫い込まないように
注意して縫う

右後ろパンツ（表）

9

ゴムテープを
伸ばして
中央にミシン

左後ろパンツ（表）

右後ろパンツ
（表）

撮影協力

アビステ　tel.03-3401-7124
　p.8、31左 ピアス、
　p.10 イアリング、
　p.12、14、21、31右、36右、38左 ブレスレット、
　p.29、42右 チョーカー、
　p.32左、33左、39右、40右、43右 ネックレス、
　p.36左 時計

銀座ワシントン銀座本店　tel.03-5442-6162
　ワシントン＝p.34左、36右 靴

サンキ　tel.03-5456-5062
　カシェリエ＝p.32左、33右、34、38右、40左、43左 バッグ

サンポークリエイト　tel.082-243-4070
　アネモネ＝p.4、34右 チョーカー、
　　　　　　p.6、18、30右 ブレスレット、
　　　　　　p.9、p.22、p.27、30左 ピアス、
　　　　　　p.15 バングル、
　　　　　　p.20 イアリング、
　　　　　　p.23、35右、37右、38左、40左 ネックレス

ダイアナ 銀座本店　tel.03-3573-4005
　ダイアナ＝p.4、6、7、17、34右、35左、39右 靴、
　　　　　　p.22、24、33右、42右 ブーツ
　タラントン by ダイアナ＝p.27、37右 靴、
　　　　　　　　　　　　　p.37左 バッグ

ダイアナ アモロサ 渋谷店　tel.03-3477-7331
　ダイアナ アモロサ＝p.18、30、31 靴

フラッパーズ　tel.03-5456-6866
　アロン＝p.24、38右 バングル、
　シャーロットウーニング＝p.15 ピアス
　シンパシー オブ ソウル スタイル＝p.35左 バングル
　ソルバッティ＝p.6、43右 帽子
　マニプリ＝p.33右 ストール、
　　　　　　p.37左、39右、41右 スカーフ
　メゾン ヴァンサン＝p.39右 バッグ

モーダ・クレア　tel.03-3875-7050
　カリアング＝p.29 靴
　バンカートーキョー＝p.33左、41右 靴
　マーガレット・ハウエル アイデア＝p.40左 靴
　ランバン オン ブルー＝p.15 ブーツ、p.20 靴
　ランバン コレクション＝p.32左、36左 ブーツ

S.I.M.　tel.03-5468-3866
　ジャンニ キアリーニ＝p.32右、33左、36左、37右、39左、41左、42右 バッグ

泉 繭子

ミラノの「Institute MARANGONI」でデザインを学んだ後、文化服装学院の２部で
パターンを学ぶ。1998年よりテレビの衣装製作、スタイリングに携わる。2004年か
らブランドを立ち上げ、今着たいもの、着心地のいいものを追求。
現在は「Endless shock」など舞台衣装やテレビのスタイリングで活躍中。
著書に『スタイルがよく見える！ワンピース＆チュニック』日東書院本社『「やせて見え
る服」を作ろう』高橋書店がある。

Photo　本間伸彦

Staff

ブックデザイン	林 瑞穂
カメラマン	古川正之
スタイリスト	泉 繭子、峰岸沙織
ヘアメイク	廣瀬留美
モデル	琉花
作り方解説	助川睦子
トレース	大楽里美（day studio）
デジタルパターン	谷口夕子、上野和博
協力	松榮祥子
校閲	向井雅子
編集	平山伸子、平井典枝（文化出版局）

洋裁用具と布地のお問合せ
「学校法人 文化学園 文化購買事業部 外商課」
〒151-8521　東京都渋谷区代々木3-22-1

洋裁用具
tel. 03-3299-2198　fax.03-3379-9908

布地のお問合せ
本書で使用した布地は、アパレル向けの一般販売
されてない布地が含まれます。購入希望のかたに
は「学校法人 文化学園 文化購買事業部 外商課」
で申込みをお受けしますが、メーカー直送の特別
販売のため着分での販売になります。
詳細は下記サイトをごらんください。
http://www.bunka-koubai.com/

洋裁用具と布地は2016年10月現在の取扱いの商品です。
一部季節商品のため、手に入らない場合があります。

着やせする！
ワンピース＆コーディネートLesson
ブラウス、ジレ、コーディガンに展開できる魔法のパターン

2016年10月24日　第1刷発行

著　者　泉 繭子
発行者　大沼 淳
発行所　学校法人文化学園 文化出版局
　　　　〒151-8524　東京都渋谷区代々木3-22-1
　　　　tel.03-3299-2401（編集）
　　　　tel.03-3299-2540（営業）
印刷・製本所　株式会社文化カラー印刷

文化出版局のホームページ　http://books.bunka.ac.jp/